VITÓRIA ESPIRITUAL

VITÓRIA ESPIRITUAL

E. STANLEY JONES

O PODER TRANSFORMADOR DE DIZER "EU ME RENDO!"

© 2018 by The E. Stanley Jones Foundation
Título original *Victory Through Surrender* por E. Stanley Jones
Publicado pela primeira vez pela Abingdon Press, 1966
A 21ª edição foi impressa e publicada com permissão de The E. Stanley Jones Foundation

1ª edição: março de 2024

Tradução
Ruben Dargã Holdorf

Revisão
Elizeu Correa Lira
Regina Aranha

Projeto gráfico e diagramação
Sonia Peticov

Capa
Julio Carvalho

Editor
Aldo Menezes

Coordenador de produção
Mauro Terrengui

Impressão e acabamento
Imprensa da Fé

As opiniões, as interpretações e os conceitos emitidos nesta obra são de responsabilidade do autor e não refletem necessariamente o ponto de vista da Hagnos.

Todos os direitos desta edição reservados à
Editora Hagnos Ltda.
Rua Geraldo Flausino Gomes, 42, conj. 41
CEP 04575-060 — São Paulo, SP
Tel.: (11) 5990-3308

E-mail: hagnos@hagnos.com.br
Home page: www.hagnos.com.br

Dados Internacionais de Catalogação na Publicação (CIP)
Angélica Ilacqua CRB-8/7057

Jones, Eli Stanley

Vitória espiritual: o poder transformador de dizer: "Eu me rendo" / Eli Stanley Jones; tradução de Ruben Dargã Holdorf. – São Paulo: Hagnos, 2024.

ISBN 978-85-7742-509-9
Título original: *Victory Through Surrender*

1. Vida cristã
2. Fé
I. Título
II. Holdorf, Ruben Dargã

24-0496   CDD 248.4

Índices para catálogo sistemático:
1. Vida cristã

Para Stanley, que, a exemplo de seu homônimo, experimentou o poder transformador da rendição.

SUMÁRIO

Endossos 9
Prefácio 11
Apresentação 17
Introdução 19

    1. Respostas não cristãs e seculares 31
    2. Resposta cristã 43
    3. Ao exigir rendição, Deus é cruel ou coerente? 69
    4. A rendição é inerente à natureza? 101
    5. A rendição é submissão? 113
    6. A rendição é viável? 123
    7. A maneira da rendição 141
    8. "Único remédio?" 151
    9. Vitória por meio da rendição 167

Sobre o autor 173

ENDOSSOS

ESTE É UM DOS MELHORES livros que já li. E. Stanley Jones foi um grande homem que andou com Deus. Sua sabedoria desenvolvida ao longo da vida é destilada aqui. O único caminho para a vitória — alegria, paz e propósito na vida — é entregar a vida a Deus e passar o restante dela rendendo-se repetidamente até que isso se torne um hábito. É um processo que exige tempo e autodisciplina. Mas o resultado, como Jesus prometeu, é uma vida plena e transbordante — não uma vida sem dor, mas uma vida de superação de provação após provação, seguindo a orientação daquele que nos conhece e nos ama como ninguém. O segredo de como fazer isso está neste livro.

HAROLD G. KOENIG, M.D.
Professor de Psiquiatria e Ciências do Comportamento.
Professor Associado de Medicina.
Diretor do Centro de Espiritualidade, Teologia e Saúde do Centro médico da Universidade de Duke, Carolina do Norte.
Professor adjunto do Departamento de Medicina da Universidade King Abdulaziz, Jeddah, Arábia Saudita.
Professor adjunto de Saúde Pública da Universidade de Medicina de Ningxia Yinchuan, P. R. China.

E. STANLEY JONES disse que nunca ficou desanimado em 25 anos. Eu nunca tinha ouvido nada parecido. Ele disse que a razão pela qual não desanimou foi devido a um segredo simples e possível de pôr em prática Jones disse que estava tentando carregar tudo sozinho. Certa noite, em desespero em Lucknow, na Índia, enquanto orava na igreja, o Senhor lhe disse: "Olha, Stanley, você está pronto para entregar a vida a mim ou quer agarrá-la e arruiná-la? Se você a entregar a mim, eu lhe darei saúde, vida longa e nenhum desânimo." "Pareceu-me um bom negócio, então escolhi na hora", disse Jones. Isso me causou uma forte impressão, porque fui criado de maneira diferente. Eu nunca tinha ouvido nada parecido.

>   NORMAN VINCENT PEALE
>   Autor do best-seller *O poder do pensamento positivo*
>   e de mais de 45 livros sobre temas semelhantes.
>   Fundador da revista *Guideposts*.

PREFÁCIO

> Fui crucificado com Cristo, a vida que vivo não é a minha vida, mas a vida que Cristo vive em mim e minha vida corporal atual é vivida pela fé e pelo Filho de Deus que me amou e se sacrificou por mim.
>
> GÁLATAS 2:20-21

PESSOAS DE TODAS AS IDADES e situações de vida estão em busca do verdadeiro sentido da vida e da alegria. Indústrias inteiras foram construídas com base na criação de produtos que são comercializados sob a alegação de que devemos buscar essas mercadorias ilusórias "imprescindíveis" e aproveitá-las — o verdadeiro significado da vida e da alegria. *Vitória espiritual* pode encerrar sua busca se você estiver disposto a se tornar um participante e não apenas um espectador.

Muito cedo em seu ministério, o meu avô, E. Stanley Jones, enfatizou a necessidade da rendição. Em 1924, antes da publicação de *Christ of the Indian Road* [Cristo da estrada indiana], Jones pregou: "É possível atravessar os mares e deixar a sua casa e os seus amigos e abdicar do seu salário e de tudo o mais e ainda assim não abrir mão da última coisa — a entrega de si mesmo. No entanto, alguns de nós percebemos o que isso significa e naquele momento decisivo dissemos: 'Senhor, essa última coisa... pegue-a. Eu me entrego ao Senhor'".

Jones aprendeu, à custa da dura experiência de vida, o risco de não renunciar a si mesmo. Depois de vários anos na Índia, ele começou a experimentar uma série do que foi descrito como colapsos mentais. Jones escreveu:

> Meu corpo não se livrou das doenças como antes e comecei a ter colapsos nervosos. Como consequência, ao final de oito anos e meio, recebi ordem de ir para a América sob licença. Eu sabia que tinha sido chamado para colocar Cristo nas mentes, nas almas e nos propósitos dos líderes intelectuais e políticos desta nova Índia que despertava. Mas quando olhei para os meus recursos intelectuais, espirituais e físicos — havia pontos de interrogação que beiravam o desânimo. Estava claro que eu deveria responder a esse chamado. Como eu deveria fazer isso não estava claro.

Quando regressou à Índia, depois de uma longa estada na América, os sintomas angustiantes ressurgiram. Jones sabia que estava mental, espiritual e fisicamente exausto. Ele acreditava que estava acabado.

> Eu sabia que o jogo havia acabado — eu teria que deixar o campo missionário e meu trabalho para tentar recuperar minha saúde debilitada. Ao me ajoelhar em oração na igreja de Lal Bagh, entreguei minha saúde abalada a Cristo e entreguei tudo a Deus para ser curado. Levantei-me como um homem saudável.

Jones havia se entregado a Deus. Ele ofereceu uma entrega completa, e isso fez toda a diferença. De acordo com Stephen Graham,

PREFÁCIO

Jones não aprendeu o segredo da entrega completa até tentar viver sem ela. Uma vez que ele entregou tudo a Cristo, Jones teve todos os recursos de Jesus disponíveis para ele.

"Eu" é a única coisa que nos dá identidade, dignidade e valor neste mundo. Deus nos pede para pegarmos aquilo que possuímos (o eu) e devolvê-lo a Ele. Ao renunciarmos ao eu, podemos naturalmente temer que nada nos reste — perguntamo-nos, segundo Jones, sobre como devemos viver sem o eu, que nos dá identidade, dignidade e valor neste mundo. A resposta parece paradoxal, pois é na entrega total da vida que se encontra o seu verdadeiro significado e alegria. Este eu rendido já não se adapta aos padrões e valores deste mundo, pois foi libertado de suas exigências e colocado nas mãos de Jesus.

De acordo com Jones, um exemplo de um homem verdadeiramente rendido e paradoxalmente "livre" é Paulo acorrentado na prisão de Filipos. Quando entregamos o nosso eu, diz Jones, ele não é anulado, mas purificado do egocentrismo e devolvido para nós com um novo foco — um foco em Deus, que é agora o centro do nosso universo. Jones diria que essa devolução de nós mesmo trata-se, portanto, da devolução de um eu completo e saudável. Nunca somos tanto nós mesmos como quando pertencemos mais a Deus.

Jones sabia que muitas pessoas encaram o "eu" como um problema e uma dor. Ele costumava usar a seguinte frase para enfatizar as dificuldades que o eu não rendido pode apresentar à alma arrependida que "abriga" esse ser problemático: "Aonde quer que eu vá, o 'eu' vai junto e estraga tudo".

Jones tem uma compreensão sofisticada dos pontos de vista religiosos e psicológicos sobre a natureza e a importância do "eu", aquela parte da nossa capacidade de refletir sobre a sua própria consciência. À medida que Jones apresenta a resposta cristã ao "eu" neste livro, dedica tempo para explicar as perspectivas das religiões não cristãs sobre ele. De acordo com Jones, os adeptos do hinduísmo e o budismo estão cansados do mundo e de si mesmos. O foco na autorrenúncia e na autotranscendência imagina o eu como um fardo do qual devemos nos livrar. A psiquiatria, de acordo com Jones, defende praticamente a visão oposta, na medida em que se concentra intensamente no ego, mas não fornece uma resposta melhor aos seus paradoxos. Jones deixa de lado tanto a visão oriental do ego quanto as visões da psiquiatria moderna.

O cristianismo, de acordo com Jones, tem a resposta mais radical à questão de "o que fazer com o eu". O eu deve ser rendido, não negado e descartado ou narcisicamente sobrevalorizado e cultivado, mas rendido. Jones enfatiza que a "resposta" à questão do "eu" não é a autorrealização, como se as respostas pudessem ser encontradas no meu ego, mas a rendição a Cristo que detém as respostas definitivas.

> O Cristianismo aponta uma flecha direto para o cerne do nosso problema — o eu não rendido — e diz "deixe de lado a única coisa que você tem".
>
> Quando devolvemos a Deus aquilo que possuímos — o eu — podemos agora cumprir o destino que Deus planejou para nós — pois a fé cristã ensina que somos filhos de Deus, e nosso destino é sermos feitos à semelhança do Filho de Deus. Quando você se entrega, você pode se conhecer plenamente como filho de Deus. Você está então sob o destino que Deus tem para você. Você está vivendo sob um futuro que está se revelando com a graça de Deus.
>
> É um paradoxo. Não consigo explicar, mas quando você perde sua vida e a encontra, você é muito mais você mesmo quanto mais você é dele. Pertencendo a Ele, você pertence a si mesmo.
>
> A rendição é o único remédio. Sempre que me deparo com alguém que tem problemas esbarro-me necessariamente na necessidade de

rendição. Todo o resto é marginal. Isso é central. Só tenho um remédio, pois encontro apenas uma doença — o eu no centro, tentando ser Deus. O eu não rendido é a raiz. O eu não rendido é a doença. Não lide com os sintomas — vá até a raiz, vá até o eu não rendido e diga: você esteve no controle, mas estou me rendendo agora!

Jones concluiu a maior parte de seus sermões com um apelo ao público para que se ajoelhasse e entregasse seu eu quebrado, não seus problemas, mas seu eu. Quem o fez pôde assumir uma nova vida e afirmar: "A vida que vivo agora não é a minha vida, mas a vida que Cristo vive em mim".

Este livro não poderia ter sido reimpresso sem a assistência do reverendo Shivraj Mahendra, cujas habilidades de publicação, edição e teologia foram essenciais para o sucesso deste projeto. Não sei como Shivraj encontra tempo para levar adiante esses projetos de reimpressão de E. Stanley Jones com sua celeridade, experiência e precisão habituais. Sou profundamente grata a ele. Nicholas Younes contribuiu com sua considerável experiência em edição para garantir que o texto fosse claro e buscasse obstinadamente as anotações úteis. Estou cercada de pessoas talentosas e sou abençoada por causa delas. Confio que, por sua vez, você será abençoado por meio deste livro.

ANNE MATHEWS-YOUNES, doutora em Educação, doutora
honoris causa em Ministério.
Junho de 2018

APRESENTAÇÃO

VITÓRIA ESPIRITUAL, com seu subtítulo intrigante, *O poder transformador de dizer "Eu me rendo!"*, transmite de forma paradoxal a surpreendente verdade de como é possível alcançar a vitória pessoal como resultado de uma entrega total de si mesmo a Deus. Quando traduzi o livro para o espanhol, optei por não fazer uma tradução literal do título original, *Victory Through Surrender* [Vitória por meio da rendição]. Em vez disso, escolhi *La Victoria Personal* para transmitir a experiência pessoal de vitória espiritual através da rendição.

E. Stanley Jones, no seu estilo inimitável, conseguiu persuadir o leitor que a vontade de assumir um compromisso pleno e total da sua vida com Cristo trará um triunfo inesperado em todos os aspectos da vida.

Claro, isso envolve a liberação ("rendição") de todas as emoções negativas e especialmente do eu, porque ele gostava de dizer: "O eu em suas próprias mãos é um problema e uma dor; o eu nas mãos de Deus é um poder e uma possibilidade".

Experimentamos quase diariamente as graves consequências e a dor que surge como resultado de palavras e ações de pessoas egocêntricas. O eu não deve ocupar o lugar que pertence somente a Deus.

Quando o eu se torna um pequeno "deus" (com d minúsculo), ocorrem múltiplas consequências trágicas.

O mal é galopante! Portanto, o irmão Stanley tem um remédio: a rendição. Esta é uma verdade bíblica e teológica sólida. Já não vivo, mas é Cristo quem vive em mim (Gálatas 2:20).

Portanto, *Vitória espiritual* abriu a porta para uma nova possibilidade radical de viver a vida ao máximo, livre dos grilhões da arrogância e do orgulh (hýbris). Agostinho, bispo de Hipona, estava certo quando declarou que o orgulho é o maior pecado de todos. O irmão Stanley seguiu os passos de Agostinho e elaborou essa verdade aplicando-a a todos os aspectos da vida. Na linguagem cotidiana, significa que uma pessoa será altruísta, sensível, atenciosa e cortês. Em *Vitória espiritual* encontramos a chave-mestra para a vida abundante em Cristo!

Jesus é o Senhor!

REV. DR. ROBERTO ESCAMILLA
Um dos "Quatro" nomeados por E. Stanley Jones
Ex-presidente do United Christian Ashrams International,
membro do Conselho de Administração do Ashram.

INTRODUÇÃO

A PERGUNTA: "O que acontece com o 'eu' na fé cristã?", título original deste livro, em inglês, foi formulada com profundidade por um diretor de nossos *ashrams* cristãos.[1] Ele foi um hábil homem de negócios, editor de livros médicos e recentemente passou por uma experiência espiritual transformadora. Em "The Morning of the Open Heart" [A manhã de abrir o coração], quando o grupo compartilhou suas indagações em respostas às perguntas "Por que você veio? O que você quer? Do que você precisa?", esse diretor externalizou: "Eu costumava pensar que meu 'eu' era algo que deveria ser cultivado. Agora me pergunto se não é um câncer a ser eliminado". Ele oscilava em seu

---

[1] O nome *ashram* refere-se primordialmente a uma comunidade espiritual na tradição hindu, em que as pessoas se reúnem para buscar o crescimento espiritual, a meditação e a prática religiosa. Esses locais são geralmente liderados por um guru ou mestre espiritual, e os residentes do *ashram* dedicam parte de seu tempo a atividades espirituais, estudo religioso, meditação e trabalho comunitário. Os missionários cristãos entre os hindus optaram por usar o mesmo termo para descrever o local onde eles se reúnem para cultuar a Deus, o equivalente ao termo "igreja", a fim de manter maior proximidade com a cultura local e facilitar a abertura dos hindus para a fé cristã.

pensamento entre algo que devesse ser cultivado e um câncer — o "eu" como algo a ser depurado e o "eu" como um câncer a ser eliminado.

Inconscientemente, ele apontou duas escolas de pensamento e atitude em relação ao "eu", a escola da autorrealização e a escola da autorrenúncia. Mas, estranhamente, essas duas escolas de pensamento e atitude não percebem a atitude cristã em relação ao ego. Essa "não percepção" é importante, pois se você tomar a atitude errada em relação ao seu ego passa a perseguir uma falácia, visto que seu ego não é um assunto de discussão, mas algo em relação ao qual é preciso uma tomada de decisão, não uma escola acadêmica de pensamento, porém "uma escola de golpes duros na qual as cores são pretas e azuis" como nos hematomas. A diferença entre a ênfase na autorrealização ou na rendição parece ser esta: na autorrealização você tenta entender o seu ego, pois todas as respostas se encontram em você. Na rendição, você se rende a Jesus Cristo, pois todas as respostas se acham nele. Uma resposta deixa você centrado em si mesmo: uma pessoa egocêntrica e preocupada consigo mesma, embora seja uma pessoa religiosa. A outra perde o seu "eu" e o encontra, pois a autorrealização só vem mediante a rendição. Você encontra o seu "eu" quando percebe ao Senhor e percebe a si mesmo ao se entregar a Ele. Este é o núcleo deste livro.

O que você pensa sobre si mesmo determinará quem você será. E quem você é determinará se você vive agora no céu ou no inferno, pois o "eu" é o seu céu ou inferno agora.

Ter uma ideia errônea sobre si mesmo pode produzir um "eu" falso, e um "eu" equivocado pode resultar numa vida desperdiçada. Fui em um pequeno avião utilizado para missões até um local em Zâmbia, África, no qual Dag Hammarskjöld morreu tragicamente. O piloto do avião da missão, que vivia em Zâmbia, contou-me que encontraram nos destroços do avião da ONU o mapa aberto de Nadolo, cidade em uma zona próxima a Leopoldville, no Congo, ao invés do mapa da cidade

O QUE VOCÊ PENSA SOBRE SI MESMO DETERMINARÁ QUEM VOCÊ SERÁ. E QUEM VOCÊ É DETERMINARÁ SE VOCÊ VIVE AGORA NO CÉU OU NO INFERNO, POIS O "EU" É O SEU CÉU OU INFERNO AGORA.

de Nadola, na Zâmbia, o destino do avião. O mapa da área de Nadolo mostrava que o piloto estava a mil pés (304,8 metros) de altitude a mais do que de fato tinha ao pousar em Nadola, pois Nadola tem uma altitude superior à de Nadolo. Portanto, ele caiu em um campo aberto durante a noite, pensando que ainda tinha trezentos metros de altura a mais do que de fato tinha, pois estava seguindo as indicações do mapa de Nadolo, mas descendo em Nadola. A diferença de um 'o' e um 'a' foi a diferença entre a morte e a vida, e de uma vida muito preciosa.

Se você tiver o mapa mental errado de si mesmo, provavelmente fará pousos incorretos, chegando a um desastre em vez de a um destino.

Este livro não é uma descrição acadêmica do mapa mental correto que deve ter de você mesmo. Ao contrário, é um livro fundamentado na vida. Tive a oportunidade — sem crédito para mim — como talvez nenhum outro homem jamais tenha tido de examinar intimamente a vida de pessoas no Oriente e Ocidente, e ver como essas "vidas/eus" funcionam. Essa oportunidade veio, antes de tudo, por meio de nossas conferências de mesa-redonda, mantidas na Índia e outras partes do Oriente durante a maior parte dos meus 58 anos de trabalho missionário. Reunimos em cada cidade e vila, sempre que possível, os líderes de todas as confissões e os sem fé, e lhes dizemos algo assim: "Aqui estamos nós, um grupo de pessoas usando a religião como uma maneira de se viver. Eu perguntei: "O que vocês verificaram a partir dessa cosmovisão, desse modo de viver?" Tivemos atitudes e abordagens dogmáticas, controversas, comparativas e tradicionais com respeito à religião. Peguemos uma abordagem mais semelhante ao método da ciência. Na abordagem científica há três etapas: experimentação, verificação e compartilhamento das comprovações. Temos experimentado esse assunto da religião, usando-o como modo de entender a vida. O que verificamos? O que encontramos na experiência? Sugiro que ninguém argumente, nem pregue para o restante de nós, nem discuta abstratamente nossa fé, mas conte o que ela nos trouxe em experiência.

Durante anos escutei empaticamente. Não dei a última palavra, mas apenas acrescentei minha experiência pessoal caso servisse de ajuda. Um hindu comentou: "Nunca estive nesse tipo de reunião: uma espécie de Dia do Juízo em nossa vida". E foi — em nossa vida e não apenas em nossas concepções de vida.

Além disso, por 25 anos temos tido no Oriente e no Ocidente com nossos *ashrams* cristãos o que chamamos de "A manhã de abrir o coração". Talvez isso seja a coisa distintiva nesse movimento, pois não iniciamos com uma tentativa de encontrar respostas verbais para perguntas verbais, mas começamos com uma indagação. O primeiro passo nessa busca é um diagnóstico. "Do que eu preciso?" Eu comecei isso em um lugar inusitado em uma festa em um jardim na Índia, o lugar de bate-papo e de conversa sem compromisso. Se tivesse tido tempo para planejar, jamais teria essa ideia. Entretanto, no calor do momento, juntei um grupo e perguntei às pessoas: "Do que vocês precisam?" E elas surpreendentemente responderam. Essa conversa profunda ocorre em todos os lugares em grupos de 40 a 400 componentes do *ashram*. O tamanho do grupo não faz diferença. Antes de tudo, exponho minhas necessidades. Digo-lhes: "Sou apenas um cristão em formação".

Eles respondem por horas a fio, pois se existe um instinto no coração humano para esconder, há também um instinto mais profundo para revelar.

Qual é a resposta? Variada, é claro, mas sempre uma coisa vem à tona: a luta consigo mesmo. O "eu" é o ponto de encontro, o centro de problemas e possibilidades. Tudo o mais é periférico.

Eis alguns exemplos do que eles dizem: "Cheguei à verdadeira transformação há seis meses. Eu vi a mim mesmo e não gostei do que vi";

O "EU" É O PONTO DE ENCONTRO, O CENTRO DE PROBLEMAS E POSSIBILIDADES. TUDO O MAIS É PERIFÉRICO.

INTRODUÇÃO

"Eu vim encontrar a mim mesmo. Meu povo acha que sou muito voltado para mim mesmo"; "Eu era uma montanha de hipocrisia e desprezo. Agora tudo derreteu"; "Costumava ser um demônio doméstico. Pensava que todos os problemas estavam nos outros. Minha pressão sanguínea estava elevadíssima. Agora está normal. Meu lar está diferente, feliz, e eu também"; "Preciso me render. Vivo com medo do trabalho que devo fazer"; "No seminário, contaram-me que eu tinha uma profunda ansiedade. Aquele que não tem o Espírito Santo está continuamente tentando provar aos outros que é um cristão"; "Estou tão cheio de necessidades. Minha maior necessidade é me entregar, me perder em Cristo. Tomo um punhado de comprimidos. Pareço estar fugindo de alguma coisa"; "Eu reajo, pois sinto medo de pessoas dominantes. Já fui hospitalizado 48 vezes"; "Tenho sido egocêntrico e implacável"; "Como posso superar o egocentrismo?"; "Preciso abrir mão de mim mesmo"; "Quero me entregar, mas estou com medo. Por isso estou cheio de dúvidas"; "Tenho lutado comigo mesmo. Minha maior necessidade é admitir que tenho uma necessidade"; um pastor disse: "Sou um egoísta. Sou viciado em mim mesmo"; uma sueca declarou: "Vim para cá com o meu 'eu' de quem não gosto, e ainda assim tenho de viver comigo mesma".

Um homem se expressou deste modo: "Aonde quer que eu vá, o 'eu' vai junto e estraga tudo". Um cético disse: "Sou feliz por não acreditar na vida eterna. Não gostaria de viver comigo mesmo para sempre".

Foi dito de um homem: "Ele é uma guerra civil ambulante". Ao conversar com um grupo jovem, eu disse: "Aquela garota era uma guerra civil". Outra garota veio até mim e disse: "Bem, se aquela garota é uma guerra civil, eu sou uma guerra mundial", e então ela me contou como se tornou uma guerra mundial: "Escutei toda essa conversa de que você tem o direito de provar todas as experiências, incluindo a aventura sexual, sem qualquer problema com a moralidade e sem

Deus. Busquei isso e desde então tenho sido uma guerra mundial". E assim por diante.

O "eu" é a única coisa que possuímos. É a única coisa que trouxemos ao mundo, a única que levaremos dele, e a única com a qual temos de conviver intimamente dia a dia, hora a hora, minuto a minuto; portanto, o tipo de "eu" que você é determina a felicidade ou o inferno na sua vida. Alguém disse: "A palavra mais usada no inferno é 'eu'. Centrar-se em si mesmo é estar agora no inferno.

A esposa de um pastor me puxou para a sala de aconselhamento e desabafou: "Toda a vida eu vivi para encantar as pessoas para satisfazer minhas necessidades. Agora me desmascararam e perdi minha influência sobre todos. Até meu filhinho de 5 anos percebeu essa minha estratégia e perdi minha influência sobre ele". Ela estava confusa. Ela se endeusou e seu 'deus' a decepcionou. A intenção é que o "eu" jamais fosse o centro do universo.

Seja na privacidade de uma casa paroquial, como com a esposa do pastor, seja em escala mundial, quando o "eu" se torna o centro, torna-se deus, e a devastação reina — e não há exceções.

Alguém perguntou ao diretor de uma instituição para pacientes acometidos por psicopatologias: " Devo considerar que essas pessoas aqui estejam fora de si?". "De jeito nenhum", respondeu ele, "elas são excessivamente elas mesmas. Elas não pensam em nada além de si. São aprisionadas nelas próprias. É por isso que estão aqui".

Mãe e pai descreveram a filha para mim: "Tudo está bem, desde que tudo saia do jeito dela. Porém, quando qualquer coisa contraria sua vontade, ela explode". A menina entrava e saía de instituições de tratamento mental e era muito religiosa. Independentemente de onde fosse, na instituição, em casa, em uma reunião religiosa, o resultado era as mesmas explosões e devastação, pois o "eu" estava no centro.

Dei minha vida à reconciliação: reconciliação entre o homem e Deus, entre o homem e seu irmão e entre o homem e si mesmo.

Este esforço tem sido mundial entre todas as etnias, tribos e povos. O problema é o mesmo em todos os lugares: o "eu", o "eu" egocêntrico, o "eu" preocupado consigo mesmo, o "eu" não rendido.

Uma mulher me disse: "Descobri; só tenho um remédio: rendição". Eu ri e disse: "Estou feliz que você entendeu isso, pois também entendi isso. Sempre que me deparo com alguém que tem problemas esbarro-me necessariamente na necessidade de rendição.

Todo o resto é marginal. Isso é central. Só tenho um remédio, pois encontro apenas uma doença — o eu no centro, tentando ser Deus.

Acabo de chegar da Indonésia, onde um povo gentil e amável está sendo empurrado a uma guerra feroz por Sukarno: "Abaixo a Malásia". Qual é o pecado da Malásia? A reposta: "O neocolonialismo impera na Malásia".

A resposta é: "Suponha que isso seja verdade. O que isso tem que ver com a Indonésia?" Aliás, não acredito que eles tenham neocolonialismo na Malásia, pois o colonialismo está em processo de liquidação, saindo de todos os lugares, mas tentando preservar como suas uma ou duas regiões. Suponha que o neocolonialismo seja mesmo uma realidade ali. Por que uma nação vizinha se acha no direito de perturbar a paz desse mundo insular por haver algo que lhe desagrada?

Os sintomas da frustração egocêntrica são os mesmos, seja em um lar em Sally ou Sam, seja com Sukarno em seu trono insular, governando mais de cem milhões de pessoas. Os sintomas são os mesmos e são estes: "Sou o que sou porque você é o que é. Se você fosse diferente, eu seria diferente. É tudo culpa sua".

Os egocêntricos colocam a culpa dos problemas nos outros. O "eu" no centro está deslocado; daí os problemas recorrentes, individuais e coletivos.

Este é o cerne das doenças da humanidade: o "eu" fora de lugar. Tudo é sintoma, esta é a doença. Charlatães tratam sintomas, médicos tratam doenças.

O PROBLEMA É O MESMO EM TODOS OS LUGARES: O "EU", O "EU" EGOCÊNTRICO, O "EU" PREOCUPADO CONSIGO MESMO, O "EU" NÃO RENDIDO.

A fé cristã se tornará uma charlatã ao tratar os sintomas de doenças individuais e mundiais? Ou acabará sendo um Médico, o Grande Médico, colocando o dedo na ferida, no ponto sensível dos problemas do mundo? E esse toque será curador?

Passamos agora a responder a essas perguntas. Se não houver uma resposta clara e viável, tropeçaremos de crise em crise. Se houver uma resposta, vamos de cura em cura.

E. Stanley Jones
1965

CAPÍTULO UM

RESPOSTAS NÃO CRISTÃS E SECULARES

ANTES DE IR PARA A RESPOSTA CRISTÃ, devemos fazer uma pausa para olhar as respostas não cristãs e perguntar o que acontece com o "eu" sob esses sistemas.

Muitos sistemas antigos fizeram a mesma indagação — o que devia ser feito com o "eu" — e chegaram a diferentes respostas. As respostas vindas do Oriente são, em grande medida, respostas que mostram o cansaço do mundo. O mundo é *maya*, ilusão, apresentado por Deus como um mágico apresenta um mundo irreal de ilusão. "Este é o *lila* ou esporte de Deus, uma brincadeira. Não há nada real neste mundo. O "conhecedor" vê a ilusão e trata o mundo como tal. As pessoas permanecem internamente separadas do *samsara* (o ciclo de morte e renascimentos ao qual a vida no mundo material está ligada) e suas ilusões.

Esta visão de mundo colide diretamente com as tendências modernas no Oriente e Ocidente, pois essas tendências pedem e exigem mudanças neste mundo: a agricultura deve ser melhorada; as condições sociais devem ser alteradas ou abolidas; ao homem, enquanto homem, deve ser dada nova oportunidade; a igualdade tem de estar disponível para todos; a exploração do homem pelo homem tem de acabar. Essas visões afirmam que a terra tem um futuro e que cabe a nós mudar essa ordem futura. Nesse clima intelectual e social alterado, *maya* parece *maya*. Simplesmente não se encaixa. Shankarachariyam, o grande filósofo indiano, escreveu quinze volumes sobre *maya*. A Índia moderna pende para uma nova Índia em vários aspectos — social, industrial e intelectual — e descarta tudo isso com uma frase: *maya é maya*. Esse cansaço do mundo se aprofunda no pensamento oriental. O aborrecimento do mundo se transforma em tédio da personalidade. A personalidade, o "eu", é o ponto focal de todos os nossos problemas. Enquanto o "eu" estiver ali, o "eu" está ali. Buda, portanto, concentrou essa desilusão generalizada a respeito do "eu" na sentença categórica: "A existência e o sofrimento são um". Enquanto você existir, sofrerá. Então a única maneira de deixar o sofrimento é abandonar o desejo. Pois é o desejo que faz girar a roda da existência, da reencarnação e faz o ciclo continuar. Portanto, corte o desejo pela raiz, torne-se sem desejos por toda a vida. Então você entrará naquele estado sem paixão e sem ação chamado Nirvana, o estado de "apagar a chama". "Existe alguma existência no Nirvana?", perguntei a um monge budista. "Como pode haver?", respondeu. "Não há sofrimento no Nirvana, portanto não há existência". Buda se livra dos problemas do "eu" ao se livrar do "eu".

Essa é a resposta mais devastadora já dada ao problema da autoconscientização de si mesmo. Todas as tentativas filosóficas de salvar o "eu" sob o budismo terminam em sacrificar o próprio budismo. O budismo permanece totalmente claro: o "eu" deve ser eliminado se for para resolver os problemas da vida. Isso é *hari-kari*[1] espiritual.

---

[1] Hari-kari, também conhecido como *seppuku*, é um termo japonês que se refere a uma forma de suicídio ritualizado por meio de empalamento no abdômen.

"EXISTE ALGUMA EXISTÊNCIA NO NIRVANA?", PERGUNTEI A UM MONGE BUDISTA. "COMO PODE HAVER?", RESPONDEU. "NÃO HÁ SOFRIMENTO NO NIRVANA, PORTANTO NÃO HÁ EXISTÊNCIA". BUDA SE LIVRA DOS PROBLEMAS DO "EU" AO SE LIVRAR DO "EU".

Quando nos voltamos para a filosofia vedanta, encontramos uma resposta mais branda, mas ainda assim radical. A filosofia vedanta diz que Brahma é a única realidade. Mas Brahma é o Impessoal. Então o devoto se senta e, em meditação, afirma: "Aham Brahma — Eu sou Brahma". Ele tenta passar do "eu" pessoal para a Essência Impessoal, Brahma. Quando essa transição é feita, o "eu" pessoal é absorvido pela Essência Impessoal e os problemas do "eu" terminam. Assim como uma gota de chuva se perde no oceano e é absorvida, o "eu" individual se perde no oceano da Essência Impessoal. A solução é a dissolução do "eu" individual e pessoal.

Essa é a resposta da filosofia vedanta, que foi descrita como "a filosofia de poucos, a religião de ninguém", pois religião significa relacionamento. Brahma, em seu estado mais elevado, é o "Nirguna", sem relacionamentos. Não é possível fazer orações para a lei da gravidade, nem comungar com uma tabela de multiplicação. Se for para ter religião, tem de haver a resposta do Pessoal para o pessoal.

Então há a resposta das escolas Bhakti, a devoção do pessoal aos deuses pessoais ou Deus. Mesmo as escolas Bhakti estão tingidas com cansaço do mundo e fadiga da personalidade. Visitei uma casa de viúvas hindus na qual os internos cantavam em uníssono durante seis horas por dia o nome de Sita-Ram-Rama, um dos deuses, e Sita, sua

---

geralmente com uma espada, com o objetivo de restaurar a honra perdida. Embora o termo "hari-kari" seja frequentemente usado no Ocidente, o termo mais correto em japonês é "seppuku", termo historicamente associado à classe samurai no Japão feudal e era considerado uma maneira de expiar a desonra ou cometer um erro grave. Era uma prática formalizada que envolvia um procedimento cerimonial, com um assistente (kaishakunin) pronto para decapitar o praticante após a autoimolação. O seppuku não é uma prática comum na sociedade contemporânea e foi formalmente abolido no Japão no final do século 19. Hoje em dia, o termo "seppuku" é usado mais frequentemente para se referir à ideia de alguém assumindo a responsabilidade por seus erros ou fracassos de uma maneira dramática e, muitas vezes, irreversível.

esposa. Essa devoção estava tão absorta em Sita-Ram que seus rostos se encontravam vazios, os rostos mais vazios que já vi em qualquer lugar. Para todas as intenções e propósitos, cada "eu" separado foi absorvido em seu objeto de devoção. Tratou-se de um desgaste gradual do "eu".

Um devoto de Bhakti visitou nosso *ashram* em Sat Tal, Índia. Perguntei-lhe o nome e ele respondeu: "Ram, Ram". Perguntei-lhe de onde tinha vindo, e ele repetiu: "Ram, Ram". Aonde ele estava indo? "Ram, Ram". O que ele queria? "Ram, Ram". Não consegui outra resposta, pois ele havia jurado não usar nenhum nome, exceto "Ram, Ram". Isso era uma grande devoção, mas muito custosa para o "eu" — o "eu" estava ausente. Seu rosto estava inexpressivo. Rama era tudo, ele não era nada.

Como resultado de todo esse esforço de autoanulação, o que acontece? O "eu" é erradicado? Não, a religião é compartimentalizada entre as pessoas, colocada em dias sagrados, festivais sagrados, formas e cerimônias sagradas, mas o secularismo assume os impulsos e as atitudes básicos. Em Mianmar (Burma), constroem-se templos de ouro para Buda, as pessoas curvam-se diante dele e de sua autoanulação, e então o povo se torna aquele que mais ama o mundo e a vida. A Índia tem o povo mais religioso do mundo, que presta homenagem de mãos postas às filosofias e à adoração no templo, e depois sai para viver a vida numa base secular. O "eu" colocado à porta de filosofias autoanuladoras volta pela janela como secularismo. O "eu" anulado aqui, volta ali. Os *sadhus*, ou homens santos que renunciaram mais que todos os outros, são chamados de "vestidos de céu" — pois andam nus. No grande Magh Mela, dezenas de milhares desses *sadhus* se reuniram em Allababad para se banhar na confluência dos rios Ganges e Jamuna em um momento especialmente propício. Cada grupo de *sadhus* recebeu sua hora de procissão e banho. Surgiu uma discussão

Assim como sou compelido a rejeitar a visão oriental do "eu", também sou compelido a rejeitar essa visão psicológica moderna do "eu".

sobre a ordem de precedência. Então ocorreu um tumulto e centenas de peregrinos foram pisoteados até a morte na corrida louca que se seguiu. Eles estavam vestidos de céu, mas os pés estavam na Terra e exigiam precedência. O "eu" voltou coberto de si mesmo e nu nas exigências de ser o primeiro.

Ao pedalar sua bicicleta, um jovem brâmane foi confrontado com uma corrente quebrada. Ele não tinha outro meio de consertá-la novamente, exceto se usasse o cordão sagrado brâmane que punha sobre as vestes. Sem hesitar, usou o cordão para amarrar a corrente quebrada. Quando terminou o reparo, disse a si mesmo e aos companheiros: "Pronto, esse cordão sagrado finalmente me fez algum bem". A menos que o sagrado se mova para o secular e o transforme, ele será silenciosamente deixado de lado como irrelevante. O "eu" eliminado na religião retorna como o "eu" contaminado no secularismo.

Quando nos voltamos desse cansaço do mundo e do desmame da personalidade por parte das filosofias e religiões do Oriente para a psicologia moderna, encontramos uma mudança completa de atitudes em relação ao "eu". A psicologia moderna tem três afirmações sobre o "eu": conheça a si mesmo; aceite a si mesmo; expresse-se. Assim como sou compelido a rejeitar a visão oriental do "eu", também sou compelido a rejeitar essa visão psicológica moderna do "eu". Qual é o problema com essas três atitudes básicas da psicologia moderna em relação ao "eu"?

Se aplicadas, por que elas logram resultados tão pífios? Benefícios marginais? Sim. Benefícios centrais e fundamentais? Questionável ou não.

Por quê? O que há basicamente de errado com essas três afirmações sobre o "eu"? Pegue a primeira: conheça a si mesmo. Mas como você pode realmente se conhecer estudando seu "eu" em relação a si mesmo e a outros "eus" humanos em um ambiente puramente material? É tudo ligado à Terra, carece de qualquer significado ou objetivo eterno. Os animais podem ficar satisfeitos neste mundo, mas o homem não pode estar satisfeito deste lado sem Deus, seu Criador e Redentor. Você só pode conhecer a si mesmo na relação com seu Pai Celestial. Você é um filho de Deus e está em processo de ser feito à semelhança do Filho de Deus, à semelhança do personagem mais belo e influente já visto neste ou em qualquer outro planeta. Então, e somente então, você conhece o seu "eu". Todos os outros saberes, por mais capacitadores que sejam, são conhecimentos periféricos e só podem afetar as margens do "eu". Portanto, o melhor que a psicologia secular pode fazer é melhorar o "eu", aqui e ali. Curá-lo de sua doença básica? Não, pois deixa intocada sua relação básica com Deus. E a doença básica do egocentrismo, com essa relação com Deus intocada, continua sem cura.

Enviei meu livro, *Conversão*, ao doutor Boss, chefe da Associação Psicanalítica Internacional da Europa. Achei que ele iria jogá-lo em um canto, sem ler. Em vez disso, ele escreveu: "Este é o tipo de livro de que precisamos, um livro sobre conversão. Esses psiquiatras, que não são superficiais, chegaram à conclusão de que a vasta miséria neurótica do mundo poderia ser chamada de neurose do vazio. O homem se desliga da raiz do seu ser, de Deus, e então a vida se torna sem sentido, sem objetivo, vazia e doente. Então eles chegam nesse estado a nós, psiquiatras".

Doutor Kenneth A. Appel, chefe da Associação Psiquiátrica Americana, explica: "Depois que uma pessoa faz análise, ela precisa ter algo para substituir a ansiedade do nada que permanece. Ela precisa de algo que lhe dê uma fé em Deus".

Ou, se você não pode escutar psiquiatras, então leia o que afirmou o escritor Herbert G. Wells: "A religião é a primeira e a última coisa, e antes de o homem encontrar Deus, ele começa sem projeto e trabalha sem um propósito. Ele pode ter amigos, lealdades parciais e

A PSIQUIATRIA SECULAR NÃO COMEÇA COM DEUS NEM TERMINA COM DEUS E, PORTANTO, NÃO PODE AJUDAR A "VIDA" A "FAZER SENTIDO". A VIDA FICA DESAMPARADA DIANTE DA DEMANDA FINAL: ALGO PARA AJUDÁ-LA A FAZER SENTIDO. ASSIM, O "EU" NÃO CONHECE A SI MESMO PORQUE NÃO CONHECE A DEUS.

senso de honra. Contudo, todas essas coisas e a vida só fazem sentido com Deus, e só com Deus". Observe a última observação: "A vida só faz sentido com Deus, e só com Deus". Todavia a psiquiatria secular não começa com Deus nem termina com Deus e, portanto, não pode ajudar a "vida" a "fazer sentido". A vida fica desamparada diante da demanda final: algo para ajudá-la a fazer sentido. Assim, o "eu" não conhece a si mesmo porque não conhece a Deus.

Segundo: aceite a si mesmo. Mas como você pode aceitar um "eu" inaceitável, um "eu" cheio de conflitos e contradições, cheio de culpas e frustrações, inferioridades e inibições, cheio de si mesmo? Pedir a um homem que aceite esse tipo de "eu" é pedir o impossível. Se ele aceita esse tipo de "eu" nesse nível, então ele próprio é inaceitável para si mesmo. Um homem escreveu a um clube que renunciava ao título da instituição: "Não posso mais pertencer a um clube que aceite um homem assim como eu na condição de sócio". Afinal, um homem tem seus padrões, seja ele qual for, e pedir a ele que se aceite como é, traz revolta. Só quando ele for transformado ou estiver sendo transformado em um homem diferente é que poderá aceitar a si mesmo. Então, quando a psicologia secular pede a um homem que se aceite como ele é, rejeita a Deus, a lei moral e a consciência do homem e do psiquiatra, se ele ainda tiver alguma depois de dar esse conselho infeliz.

Terceiro, a psicologia secular diz: expresse-se. Entretanto, você tem uma dúzia de pessoas juntas, todas instruídas a expressar-se, o que você consegue? Perguntei isso em um grupo nos Estados Unidos, e um pastor batista respondeu: "Você tem uma igreja batista". Ele poderia ter dito: "Igreja metodista, igreja episcopal ou qualquer uma delas". Você tem o palco preparado para choque, confusão, ciúme e conflito.

O conselho da psicologia moderna aponta para a autoafirmação, significando colocar a si mesmo no centro. Qualquer coisa que o deixe no centro está descentrada. O estar no centro alimenta a doença que tenta curar, ou seja, o egocentrismo. O que há de errado com essas três afirmações da psicologia moderna? O que lhes falta? Elas carecem daquilo que a fé cristã oferece, ou seja, rendição. Observe que eu não disse "exige" rendição, mas oferece rendição, pois a rendição é mais uma oferta do que uma exigência. É também uma exigência, uma exigência da natureza humana, pois a natureza humana não consegue se encontrar, a não ser que se encontre na vontade e no propósito além de si mesma. Da nossa parte é uma exigência, da parte de Deus é uma oferta.

Entretanto, quer seja uma oferta quer uma exigência, a necessidade mais profunda da natureza humana é se render a algo ou a alguém além de si mesma. Você mesmo em suas próprias mãos é um problema e uma dor. Seu "eu" nas mãos de Deus é uma possibilidade e um poder.

CAPÍTULO DOIS

RESPOSTA CRISTÃ

SE AS RESPOSTAS NÃO CRISTÃS, tanto religiosas quanto psiquiátricas, são inadequadas, o que a fé cristã tem a oferecer? Se não tiver nada a oferecer, ela também fracassa. Pois o "eu" é o centro da vida, individual e coletiva, e se o "eu" não estiver curado, nem ajustado, e se estiver fora de prumo, então a vida como um todo não está curada nem ajustada, e está fora de prumo.

A resposta cristã não deve ser uma resposta verbal, uma espécie de aspersão de água de rosas sobre um câncer para torná-lo mais aceitável, mas essa resposta tem de curar esse câncer. Sua resposta não deve ser verbal, mas vital. Eu estava em um escritório lotado dos correios em Paris, no verão. O ar estava fétido, pois as janelas estavam fechadas. Um atendente passou borrifando o ar com perfume, borrifando o ar poluído ao invés de abrir as janelas para deixar entrar ar fresco. Se tentarmos borrifar o "eu" com palavras perfumadas, o fim será a frustração, pois o "eu" não redimido e não curado se levantará para zombar de nós.

Pelo que entendi, a fé cristã em sua forma neotestamentária pede nada menos e nada mais do que rendição do "eu" a Deus. Os cultos de autorrealização sempre escrevem o "eu" com E maiúsculo, significando que você deve perceber a si mesmo como Deus. Essa busca para identificar o seu "eu" como o Eu divino termina com essa busca. Nunca chega ao seu objetivo. Eu tenho procurado na Índia por mais de meio século, desde o Himalaia até o Cabo Comorin, encontrar uma pessoa que chegou à compreensão do "eu", transformando-se no Eu que se tornou deus. Jamais encontrei alguma. É uma ilusão. O "eu" é criado, uma criatura, e nunca pode se tornar o Criador. "Tu o fizeste um pouco menor do que os seres celestiais" (Salmos 8:5), afirma o salmista, aquele importante "pouco menor". O homem é "feito à imagem de Deus", mas nunca pretendeu-se de que se tornasse Deus. E a tentativa de vir a ser Deus é o pecado central da religião. É uma tentativa de entronizar o "eu" como Deus, que é o auge da autoafirmação. E o apogeu do pecado. Essa orgulhosa afirmação de ser Deus é o pecado que fez Lúcifer descer das alturas para as profundezas.

Um swami,[1] cuja reputação o levava a perceber seu "eu" como o Eu divino, perguntou a um amigo meu: "Você é divino?" Meu amigo respondeu: "Não, eu sou um pecador". Escutei uma palestra de um ocidental que adotou a filosofia de que você deve perceber a si mesmo como o Eu divino. No meio de seu discurso, ele derrubou a luminária sobre a mesa e praguejou. O "eu" era um "eu" muito humano. Uma luminária derrubada ruiu suas afirmações. "Não há nada escondido que não venha a ser descoberto" (Lucas 12:2).

A fé cristã não ensina que o "eu" deve se tornar Deus, nem ensina a automortificação. Na verdade, "essas regras têm, de fato, aparência de sabedoria, com sua pretensa religiosidade, falsa humildade e

---

[1] "Swami" é um termo sânscrito e se refere a um guia espiritual em várias tradições espirituais e religiosas da Índia, especialmente no hinduísmo. A palavra pode ser traduzida como "senhor" ou "mestre". Eles são frequentemente reconhecidos por práticas ascéticas.

severidade com o corpo, mas não têm valor algum para refrear os impulsos da carne" (Colossenses 2:23). A automortificação é autodestrutiva, pois concentra a atenção no "eu" para observá-lo, mortificá-lo, mantê-lo sob controle. É uma lei da mente que "o que quer que chame sua atenção, toma conta de você". Se o seu "eu" chamar a sua atenção, mesmo que seja uma atenção combativa, ele toma conta de você. Você será uma pessoa preocupada consigo mesma, e uma pessoa preocupada consigo mesma é uma pessoa derrotada. Eu observei isso disseminado em grande escala na Índia. A automortificação termina em um "eu" mortificado. Os *sadhus* da Índia, homens santos dedicados à automortificação, tornaram-se um problema nacional, tanto que o governo assumiu o problema e criou os centros de reabilitação sadhu, instituições nas quais os *sadhus* são afastados de autopunições inúteis e da vida de mendicância e se transformam em cidadãos úteis, contribuindo para o bem-estar e crescimento do país. Fui convidado para falar perante um desses centros, pois os que se dedicam à automortificação nada contribuem para si mesmos e muito menos para o país. Seu estilo de vida é autodestrutivo e uma derrota para a nação.

Se a fé cristã navega entre a Cila da autodeificação, por um lado, e a Caríbdis[2] da automortificação, por outro lado, qual é seu caminho? Seu caminho é a rendição. Observe que não digo autocomprometimento: você pode estar comprometido com uma pessoa ou um projeto e não se render a essa pessoa ou projeto. Você pode estar comprometido com outro em casamento por votos matrimoniais, mas não se render interiormente à outra pessoa.

---

[2] "Cila" e "Caríbdis" eram um turbilhão e um rochedo, respectivamente, com os quais os navegantes de Messina se deparavam e, esquivando-se do primeiro, encontravam-se com o segundo, daí a expressão ser usada com o significado de estar diante de um dilema.

A FÉ CRISTÃ EM SUA FORMA NEOTESTAMENTÁRIA PEDE NADA MENOS E NADA MAIS DO QUE RENDIÇÃO DO "EU" A DEUS.

RESPOSTA CRISTÃ

Um soldado pode estar comprometido com o serviço militar porque tem de participar por ordem governamental, mas ele pode não estar interiormente rendido a ele. Ele está lá sob protesto interno. A rendição é a palavra mais forte e abrangente que conheço, precisamos de uma palavra tão forte como essa para atender o que a rendição envolve.

O que está envolvido é o seguinte: devemos devolver a Deus o "eu" que nos foi entregue pelo Criador, rendendo a única coisa que possuímos. É uma exigência difícil? Parece que sim. Mas eu não posso amenizar isso, o Novo Testamento não o faz. "Jesus dizia a todos: 'Se alguém quiser acompanhar-me, negue-se a si mesmo'" (Lucas 9:23). E Paulo, o maior seguidor de Jesus de todos os tempos, interpreta isso em seu caso particular como: "Fui crucificado com Cristo" (Gálatas 2:20). Em seguida, ele apresenta essa ideia como um apelo amplo e abrangente: "Portanto, irmãos, rogo-lhes pelas misericórdias de Deus que se ofereçam em sacrifício vivo, santo e agradável a Deus" (Romanos 12:1). A Nova Versão Transformadora (NVT) traz: "[que ofereçam] seu corpo", e a Tradução Ecumênica (TEB) traz "vós mesmos".

Essa demanda então parece ser absoluta e exige o máximo de você, seu "eu". Não apenas seu tempo, lealdade, confiança, serviço, dinheiro, mas exige rendição total do "eu". Não é de admirar que a repórter de um jornal finlandês, depois que seu grupo terminou de obter detalhes e opiniões em geral sobre o tópico de rendição, resolveu fazer uma pergunta que a incomodava: "Por que Deus é tão cruel, por que exige tanto de nós?" Ou seja, por que Deus exige a única coisa que possuo: o "eu", meu "eu", minha única ovelhinha? Pareceu para ela que estaria oferecendo sua extinção e consentindo com ela. Outra mulher, totalmente devastada, respondeu a Deus: "Ora, se eu fizesse isso, estaria à mercê de Deus". Ela sentiu que se entregar a Deus significava que Ele tiraria proveito dessa rendição e teria a oportunidade de torná-la infeliz, quando ela, ao seguir sua própria vontade, tornara-se uma pessoa devastada.

Não é de admirar que as pessoas fiquem surpresas quando você apresenta a rendição como a exigência cristã básica, pois muitas vezes não é enfatizada desse modo. Um estudante de Teologia frequentou um de nossos *ashrams* e confessou: "Sua ênfase aqui na rendição me surpreende. Fiz todo o meu curso teológico e nunca escutei o termo rendição". Qual era o curso teológico? Um conjunto de crenças a serem assimiladas, ou um moralismo a ser seguido, ambos deixando intocado o "eu" essencial. Um livro sobre aconselhamento pastoral diz no prefácio: "Que ninguém pense que se converterá por ler este livro". Quando terminei o livro, pensei comigo mesmo: *Não há perigo de alguém se converter, pois ele nunca usa a palavra rendição nem apresenta essa ideia. Ele lida de maneira marginal com a ideia de medos, preocupações, ansiedades, ressentimentos, mas nunca com a ideia de rendição.* Esses medos, preocupações, ansiedades, ressentimentos estão todos enraizados no "eu" não rendido.

Assim como meus dedos estão implantados na palma da minha mão, todos esses pecados externos estão implantados no "eu" não rendido. Por que ficamos com raiva e "explodimos"? Porque alguém deixou o "eu" irritado. Por que mentimos? Porque pensamos que será uma vantagem para o "eu". Por que somos desonestos? Porque achamos que a desonestidade trará alguma vantagem para o "eu". Por que somos impuros? Porque pensamos que trará algum prazer para o "eu". Por que somos ciumentos e invejosos? Porque alguém está se saindo melhor do que o "eu". Todos esses pecados externos são apenas os frutos, o "eu" não rendido é a raiz; os pecados externos são os sintomas, o "eu" não rendido é a doença. Os charlatães tratam os sintomas, os médicos tratam as doenças. A religião que trata os sintomas externos e deixa intacta a doença central, o "eu" não rendido, não passa de charlatanismo.

A palavra "radical" refere-se a "raiz". A fé cristã é radical, pois vai à raiz de todos os nossos problemas, individuais e coletivos, e lida com o "eu" não rendido por meio da rendição. É, portanto, o único verdadeiro médico da alma. Tudo o mais é remendo.

O que acontece quando nos rendemos a Deus? A alma é apagada, anulada em todas as intenções e propósitos? Alguns parecem insinuar, ou ensinar diretamente, que o "eu" é eliminado. Um belo cântico em nossos hinários diversifica o final de cada estrofe.[3] Primeira estrofe: "Tudo do eu e nada de ti"; segunda estrofe: "Um pouco do eu e um pouco de ti"; terceira estrofe: "Nada do eu e tudo de ti". Parece que o "eu" se foi: "Nada do eu". Deus é tudo.

Outro belo hino diz: "Perece o eu em Teu fogo puro", o "eu" deixa de existir.[4] Algumas seitas cristãs tentam deliberadamente cancelar e esmagar o "eu". Uma seita cristã no Japão é chamada de "seita do não-eu". Como uma prova de que o "eu" se foi, os devotos ficam sob uma cachoeira no auge do inverno e deixam as águas geladas correrem sobre eles. Isso serve de prova de que o "eu" se foi. Mas o espetáculo costuma ser realizado na presença de uma multidão de admiradores, sinal de que o "eu" voltou. A passagem em 1Coríntios 13:3 tem uma variante em alguns manuscritos, conforme algumas versões indicam por meio de nota de rodapé: "Ainda que entregue meu corpo para que eu tenha de que me gloriar". O sacrifício de si mesmo pode ser uma espécie refinada de autoafirmação e autoglorificação. O "eu" ainda está lá.

---

[3] Theodore Monod, *None of Self and All of Thee*, 1875.
[4] Samuel Longfellow, *Prayer for Inspiration*, c. 1864.

Por nenhum processo ou método conhecido o "eu" pode ser eliminado. É uma parte de nós, uma parte muito importante — o "eu" é quem somos! Coloque o "eu" para fora pela porta e ele voltará pela janela, geralmente vestido com roupas religiosas, mas ainda o mesmo "eu".

Pedro disse a Jesus: "Nós deixamos tudo para seguir-te! Que será de nós?" (Mateus 1:27) Eles deixaram tudo, exceto a si mesmos. A frase "Que será de nós?" revela o caso. O "eu" ainda estava lá.

O que acontece quando o "eu" se rende a Deus? Ele elimina o "eu" ou o purifica? Ele o purifica do egoísmo. O próprio ato de rendição dá a Ele a oportunidade de nos purificar do egoísmo com nosso consentimento e cooperação. Tendo nos purificado de nosso egoísmo intrínseco, ele devolve o "eu" a si mesmo. Quando obedecemos à lei mais profunda do Universo, ela funciona: "Pois quem quiser salvar a sua vida, a perderá" —, centre-se em seu "eu" e o "eu" se desintegrará. Toda pessoa egocêntrica é uma pessoa em desintegração. Concentre-se em seu "eu" e você não gostará de si mesmo e ninguém mais gostará de você. O resto desse versículo é igualmente verdadeiro: "mas quem perder a sua vida por minha causa, a encontrará" — perca-se na vontade de Deus por rendição e você se encontrará novamente. É um paradoxo, mas você nunca é tão seu quanto quando você é mais dele. Preso a Ele, você anda livre na Terra. Prostrado a seus pés, você fica de pé diante de tudo o mais. De repente, você percebe que se alinhou com as forças criativas do Universo. Então você é livre, livre para criar, livre para amar, livre para viver ao máximo, livre para ser, para ser tudo o que Deus deseja que você seja. É o mesmo tipo de rendição que um fio solto, preso a nada, e não criando nada, faz quando se rende a um dínamo ou gerador. Agora pulsa com energia, com luz e poder. Ele está vivendo para algo além de si mesmo. A pintura se rende a um artista e a mera cor se torna um belo quadro. O mármore se rende

O QUE ACONTECE QUANDO O "EU" SE RENDE A DEUS? ELE ELIMINA O "EU" OU O PURIFICA? ELE O PURIFICA DO EGOÍSMO.

ao escultor e um mero bloco de mármore inexpressivo se torna uma figura quase viva. A tinta se rende ao escritor e o mero fluido começa a pulsar com inteligência e paixão.

A rendição que parece ser um movimento para baixo, em que seus braços ficam largados, é na verdade um movimento para cima. É uma entrega ao amor criativo. Isso não é consentimento. É a cooperação com o poder que ressuscitou Jesus dentre os mortos. Quando nos rendemos e cooperamos com esse poder, ele nos levanta de uma vida morta e não contributiva para uma vida criativa e frutífera. Não é o oleiro e a figura de barro. Jesus nunca usou essa figura, pois essa imagem é inerte e mecânica, em vez de dinâmica e voluntariamente cooperativa. Na rendição, você alinha a vontade à uma vontade Onipotente e começa a fazer coisas que não conseguia fazer antes, a realizar o inatingível, você passa a ser uma surpresa para si mesmo e para os outros.

Após a Segunda Guerra Mundial, eu estava em um avião indo para a Índia. O avião deveria voltar com uma carga. Eu era o único passageiro. Os pilotos me perguntaram se gostaria de ver Bagdá da cabine. Depois de passar por Bagdá, eles me perguntaram se eu já pilotara um avião. Nunca pilotei. "Sente-se aí e faça o que dissermos", falaram. Havia dois conjuntos de linhas paralelas brancas no indicador, um representando o avião e o outro representando a altura ou o horizonte. A preocupação era manter esses dois conjuntos de linhas coincidentes. Quando esses conjuntos de linhas coincidiam, o avião seguia uniformemente. Eu não precisava entender nada sobre os intrincados mecanismos envolvidos. Tinha apenas de manter esses dois conjuntos de linhas coincidindo como uma só. Quando o fiz, toda a potência daqueles quatro grandes motores estava por trás dessa estabilidade controlada, e seguimos com o máximo de velocidade e silêncio.

A única tarefa da vida humana é fazer com que nossas vontades coincidam com a vontade de Deus em rendição e obediência constante. Quando o fazemos, a soma total da realidade fica para trás, temos apoio cósmico para apoiar esse modo de vida. Os solavancos surgem quando saímos do alinhamento com a vontade e o propósito divinos, quando a vontade própria assume o controle.

Isso reduz a vida à simplicidade. Se, em vez de rendição, você empreende uma automortificação, cortando aqui, cortando ali, reprimindo cá, suprimindo acolá, você fica tenso, ansioso e constrangido. A piedade produzida é uma piedade tensa, constrangedora, que, portanto, é drenada. Um homem me apresentou sua companheira: "Esta é minha esposa. Ela é uma de suas cristãs 'lutadoras'". Ela era. Seu rosto estava tenso e ansioso. Cada órgão de seu corpo estava amarrado por aquela ansiedade mental e espiritual.

Um professor de um seminário teológico zombou de uma das frases de um livro meu diante da classe: "Não faça nada e deixe Deus agir". Não achou que ela era vigorosa o suficiente. Ele não compreendeu a ideia de modo algum, pois a controvérsia é uma diferença de ponto de vista; o "eu" não rendido funciona a partir de seus próprios motivos e recursos; o "eu" rendido funciona a partir dos motivos e recursos de Cristo. As pessoas rendidas, identificadas com Cristo, são identificadas com os recursos divinos. Paulo coloca isso nestas palavras: "Para isso eu me esforço, lutando conforme a sua força, que atua poderosamente em mim" (Colossenses 1:29). Sua vontade e a vontade de Cristo coincidiam, e sua energia e a energia de Cristo também coincidiam. Esse esforço vigoroso divino-humano não era exaustivo, mas estimulante. Você faz tudo por amor a Ele e por seu poder. É empenho sem esforço. Aqueles que falam sobre a vida extenuante, geralmente falam sobre a vida tensa. Os rendidos são discretamente criativos e, na verdade, produzem o dobro do que os não rendidos com toda a sua atividade meticulosa. O Dr. Merton Rice se expressa assim: "Quanto mais me apresso, mais atrasado fico". Os não rendidos devem acelerar o passo para esconder o fato de terem perdido o caminho. Um missionário expressou-se desta maneira: "Tenho ocupado meu tempo fugindo de tudo". Aquele missionário não rendido passava o tempo "correndo", fugindo de tudo. Os rendidos ocupam seu tempo caminhando através de tudo, caminhando através dos problemas, através das responsabilidades, através das oportunidades, através de tudo que surge, caminhando com confiança e com toda a energia e poder operando neles. Então os rendidos são os vigorosos, silenciosos, eficazes e criativamente ativos. Digo "criativamente ativos", pois fomos feitos pelo Criador para a criação. Quando deixamos de criar, degeneramos.

Quando nos rendemos a Deus, o Criador, e a Cristo, a Palavra encarnada, nos rendemos ao amor criativo e, portanto, somos criativos e realizados. Cantamos a caminho de nossas tarefas, obrigações e responsabilidades.

O "eu" não é anulado quando se entrega. É intensificado: um extra é acrescentado a tudo o que fazemos, dizemos e somos, um extra Divino.

Mas em tudo isso não há nada negativo nem morte, é tudo vida? Não, há morte, uma morte para a falsa vida que temos vivido e para o falso mundo não natural de pecado e de maldade, o falso "eu", organizado em torno do egoísmo, tem de morrer. Quando Paulo afirmou "fui crucificado com Cristo" (Gálatas 2:20), ele quis dizer que o falso mundo e o falso "eu" foram crucificados. Ele não quis dizer seu "eu". Seu verdadeiro "eu" foi aniquilado, anulado, pois no instante seguinte ele diz: "Já não sou eu quem vive". Ele foi purificado pela crucificação do falso "eu", esse corpo de morte que se agarrou a ele.

Um novo homem surgiu, o homem de Deus e, portanto, ele estava vivo: "Já não sou eu quem vive". Ele agora estava vivo por

Quando nos rendemos a Deus, o Criador, e a Cristo, a Palavra encarnada, nos rendemos ao amor criativo e, portanto, somos criativos e realizados.

inteiro, vivo em cada célula de seu corpo, mente e espírito. Ele estava vivo. Nunca vivemos até que tenhamos participado de nosso próprio funeral. Depois voltamos cantando. Toda a passagem que fala do sepultamento e ressurreição de Paulo é muito reveladora: "Fui crucificado com Cristo" (você morreu para todos os propósitos em sua vida, exceto os propósitos de Cristo); "Fui crucificado com Cristo. Assim, já não sou eu quem vive". A crucificação com Cristo é a ressurreição em você mesmo. Você vive; e como vive! Tudo em seu íntimo e ao seu redor está vivo. "Já não sou eu quem vive, mas Cristo vive em mim" — sua vida é essencialmente a vida de outro. Você fundiu seus interesses e seu ser na vida de outro, "mas Cristo vive em mim". "A vida que agora vivo no corpo, vivo-a pela fé no Filho de Deus", e essa vida não é vagamente espiritual, é "no corpo", operando no corpo físico e por meio dele; "vivo-a pela fé no Filho de Deus", e o poder da minha vida é o Filho de Deus. Ele é tanto o padrão quanto o poder. "Que me amou e se entregou por mim" — esse padrão é amor, e um amor sacrificial, abnegado: "Se entregou por mim" (2:20). Essa passagem é gloriosamente mesclada — o humano e o divino se interligam, e ainda assim o humano não se perde no divino, e o divino não se funde ao humano. Cada um é separado e ambos são um. O fim é a comunhão, não a identidade, a comunhão mais íntima possível ou imaginável. No entanto, a comunhão não é sentimentalismo; é uma comunhão que tem amor sacrificial, abnegado uns pelos outros e por todos.

Entregar-se a esse tipo de amor criativo, incorporado em uma pessoa, é se render ao que há de mais elevado nesse Universo ou em qualquer outro. Em vista dessa possibilidade, render-se ao seu "eu", ao orgulho, à luxúria, ao bando, ao dinheiro, aos ressentimentos, ao ódio, ao medo não é apenas ruim, é estúpido. É um crime contra nós mesmos e contra os outros. A rendição, portanto, não é uma compulsão perniciosa, mas uma entrega feliz de nós mesmos ao amor e à bondade de Deus, ao próprio Deus. Assim, o "eu" não é abafado nem esmagado, tampouco preso às restrições. "Não posso fazer isso, não posso fazer aquilo"; também não é dominado, mas age pela obediência completa e é totalmente livre, livre para viver, amar e criar, para estar no seu melhor — em sua plenitude.

Aquele conceito que pregava esta ideia: "Oh, ser nada, apenas estar aos pés do Senhor, um vaso quebrado e vazio, para o serviço completo ao Mestre", se foi. Você não é um "nada", você é algo, alguém, com algo adicionado a tudo o que você faz, diz e é.

Agora você "conhece a si mesmo". Você se conhece como filho de Deus, feito à sua imagem, agora sob redenção, e está sendo refeito, de uma vida de pecado e autoidolatria, à imagem do Filho de Deus. "E todos nós, que com a face descoberta contemplamos a glória do Senhor, segundo a sua imagem estamos sendo transformados com glória cada vez maior, a qual vem do Senhor, que é o Espírito (2Coríntios 3:18). Conhecer isso é conhecer a mim mesmo. Até que eu conheça esse destino e esteja sob seu cumprimento, todo o meu saber é semiconsciente, velas bruxuleantes de percepções breves e parciais, mas sem conhecer meu destino e possibilidades reais. Existe algo mais elevado no céu, na Terra ou debaixo da Terra do que ser transformados segundo à sua imagem? Se for o caso, deixe que os homens do Oriente e do Ocidente revelem isso. Simplesmente não há nada para ser revelado. O mais sublime adjetivo descritivo de caráter em qualquer idioma é o adjetivo cristão (cujo significado original é "semelhante a Cristo" ou "pequeno cristo").

"A vida não é justa", disse o anjo.
"O futuro é uma armadilha", disse o diabo.
"O passado é uma prisão", disse o homem.

"O amor é precavido de mais", disse a mulher.
"Eu não tenho resposta", disse Deus.

Charles Angoff[5]

Isso é a própria falsidade. Deus tem uma resposta: sua resposta é Cristo, e ser semelhante a Cristo é nosso destino. Se você não sabe essa resposta e não está sob esse destino, então o que lhe resta é exatamente o que essas linhas descrevem: a vida não é justa; o futuro é uma armadilha; o passado é uma prisão; o amor é precavido de mais. Você permanece nesse pessimismo caso não obtenha a resposta de Deus. Você chega a esse dilema — um homem na televisão disse com raiva para outro: "Não sei o que seria pior, ter que estar com você ou estar comigo mesmo". Se você não quer viver com Deus, você não pode viver consigo mesmo nem com mais ninguém. Todo aquele pessimismo sobre a vida, sobre você mesmo e sobre os outros desaparece quando você se entrega a Deus. Você tem fé em Deus, na vida, nas pessoas e no destino. Você tem fé e a fé tem você. Você cria fé. Se o autor dessas linhas quis dizer o que afirmou, ele não revelou o anjo, nem o diabo, nem o homem, nem a mulher nem Deus — ele se revelou. Ele não tinha pessimismo. O pessimismo o tinha. Ele era o pessimismo. Quando você se rende a Deus, o escárnio se torna uma alegria, o bufar se torna um brado, o pessimismo se torna possibilidade e a existência ganha vida.

"A única coisa que eu queria da vida era sair dela", desejou um amigo, até que se rendeu a Cristo, e então acreditou na vida porque pertencia à Vida.

---

[5] Charles Angoff (22 de abril de 1902 — 3 de maio de 1979) foi um editor-chefe da revista *American Mercury* e também professor de inglês da Fairleigh Dickinson University. H. L. Mencken considerava-o "o melhor editor-chefe da América". Ele também foi escritor e editor produtivo. https://en.wikipedia.org/wiki/Charles_Angoff, acessado em 19 de fevereiro de 2018.

Você nunca esgota Jesus Cristo. Quanto mais você sabe, mais sabe que há para ser conhecido.

A afirmação "Deus aparece na vida quando o 'eu' desaparece" precisa ser corrigida. O "eu" não desaparece, ele aparece como rendido, criativo e ajustado, aparece como seu "eu" porque é dele. Sua vontade é a nossa liberdade, liberdade de ser e de se tornar.

Meu lar espiritual no qual vivi por muitos anos é este versículo: "Portanto, ninguém se glorie em homens; porque todas as coisas são de vocês, seja Paulo, seja Apolo, seja Pedro" — todos os grandes mestres —, "seja o mundo, a vida, a morte" — todos os grandes fatos —, "o presente ou o futuro" — todo o tempo —, "tudo é de vocês" — todas as coisas —, e vocês são de Cristo, e Cristo, de Deus" (1Coríntios 3:21-23). Esse versículo revela que, se você pertence a Cristo, tudo lhe pertence. Isso inverte a visão de muitos que acreditam que a fé cristã é uma supressão, uma negação da vontade de viver. Mas se esse versículo é verdadeiro, então é a mais sublime afirmação imaginável da vontade de viver: todos os grandes mestres, todos os grandes fatos, todos os tempos, todas as coisas lhe pertencem, contanto que você pertença a Cristo.

Todos os grandes mestres — Paulo, Apolo e Cefas. O cerne da fé cristã é Jesus Cristo. Em Corinto, eles abandonaram esse cerne e começaram a se concentrar em homens bons, em vez de no Deus-Homem. Você pode esgotar tudo que os bons homens têm para oferecer, mas não pode esgotar o que o Deus-Homem tem a oferecer. Os seminários e os indivíduos abraçam a teologia de Barth, de Bultmann e de Tillich e outros mais. Qual o resultado disso? Eles se tornam de segunda mão, vivem de citações, e a fonte seca. Você nunca esgota Jesus Cristo. Quanto mais você sabe, mais sabe que há para ser conhecido. Há uma surpresa em cada esquina. Seus horizontes se abrem com inovações e novidades de percepção e revelação. Além disso, centrar-se em homens bons ao invés de no Deus-Homem é causar divisão. Em torno de Cristo somos um, em torno de

Barth, Bultmann, Tillich não somos um — estamos divididos em relação a eles. Mas se você diz: "Eu pertenço a Cristo e esses mestres me pertencem, qualquer coisa boa que eles têm é minha, mas eu não pertenço a eles". Então, com seu único ponto da bússola em Cristo, o outro ponto pode chegar o mais longe possível na verdade. Desse modo você está ancorado e livre.

Então, o mundo, a vida, a morte, todos os grandes fatos pertencem a você. Há um mundo, construído pelo pecado e pelo mal que não lhe pertence. É um mundo falso. João fala sobre este mundo: "Não amem o mundo nem o que nele há. Se alguém ama o mundo, o amor do Pai não está nele. Pois tudo o que há no mundo — a cobiça da carne, a cobiça dos olhos e a ostentação dos bens — não provém do Pai, mas do mundo. O mundo e a sua cobiça passam, mas aquele que faz a vontade de Deus permanece para sempre" (1João 2:15-17). Esse mundo da concupiscência da carne, da concupiscência dos olhos e da soberba da vida é um mundo falso, não é do Pai e passará. Mas o mundo da beleza, da arte, do pôr do sol e do nascer do sol, de puro amor e as faces de criancinhas lhe pertencem se você pertencer a Cristo. Nunca vi o mundo até ver seu Criador, vê-lo em reconciliação e redenção. Então, de repente, o mundo se tornou vivo para mim, as árvores bateram palmas, a natureza estava viva, e minha vivacidade combinou com sua vivacidade e eu também bati palmas. Tive de corrigir as palavras do hino *Volte seus olhos para Deus* de: "Contemple, pois, o rosto seu e as coisas da terra vão desaparecer sob a luz de sua glória e poder"; para: "Contemple, pois, o rosto seu e as coisas da terra vão brilhar sob a luz de sua glória e poder". A fé do cristão é uma negação do falso mundo, mas não uma negação do mundo. O mundo lhe pertence.

A vida lhe pertence porque você pertence à vida. Em um dos meus "postos de escuta", em certa madrugada quando não peço nada, mas escuto para saber se Deus tem algo a me dizer, Ele me disse: "Você é meu, a vida é sua". Fiquei assustado e pedi a Ele para repetir. E Deus repetiu: "Você é meu, a vida é sua". Isso ressoa em meu coração desde esse dia: se eu pertenço a Cristo, a vida me pertence. Posso dominá-la, extrair algum bem de tudo: coisas boas, ruins e indiferentes. Essa declaração era um "certificado de adequação" em qualquer situação, em qualquer condição, em qualquer período da vida. Se eu sou seu servo, é uma garantia universal de que a vida é minha serva. Então não preciso me preocupar com isso ou aquilo. Tenho apenas uma preocupação: que eu seja dele. Estando seguro nele, estou seguro. Não que eu tenha a garantia de estar livre de tristeza, problemas, doença ou morte. Sei que essas quatro coisas virão para mim. Mas não pertenço a elas. Pertenço a Cristo, essas coisas me pertencem, pertencem-me para fazer algo com elas; não para suportá-las, mas para usá-las. "Você é meu, a vida é sua".

A morte pertence a você se você pertence a Jesus Cristo, o imortal. Alguém escrevendo sobre a cantora Petula Clark, disse: "Em seu sucesso *Downtown*, algo radiante em sua voz livre e fácil diz adeus ao passado doloroso e transforma a música em uma proclamação de emancipação":

> Quando você está sozinho e a vida o deixa solitário, você sempre pode ir ao *Downtown*! Quando tem preocupações, todo o barulho e pressa parecem ajudar, eu sei — *Downtown!*[6]

---

[6] *Downtown*. Letra e Música de Tony Hatch. © Copyright MCMLXIV por Welbeck Music Ltd. Londres, Inglaterra. Leeds Music Company, Nova York, N. Y. para os EUA e Canadá. Usado com permissão. Todos os direitos reservados.

Rendição não significa renúncia, mas renúncia para realização. Agora eu me conheço.

De todas as revelações da superficialidade desta era, essa é a mais reveladora. É uma proclamação de emancipação da solidão e das preocupações de ir ao centro da cidade e se misturar com a multidão apressada. A solidão concentrada e as preocupações concentradas são para curar a solidão e a preocupação individuais. Por um momento, é possível fazer isso, pois a multidão distrai sua atenção da sua infelicidade. No entanto, quando a distração da multidão acaba e você fica com você de novo, então nada é curado, pois você não está curado.

Além disso, suponha que a doença e a morte se aproximem e você não pode se esconder no centro da cidade. O que acontece? Você é deixado sozinho com você mesmo. Então você é como o homem nas Escrituras que tinha demônios, "um homem da cidade [...] [que] morava [...] nos sepulcros." (Lucas 8:27). Os demônios da cidade o possuíram, e ele foi para o isolamento dos sepulcros a fim de obter alívio, apenas para descobrir que carregava sua solidão e preocupações em si mesmo, seja no isolamento, seja na cidade. Ele acabou habitando em sepulcros — habitou em sepulcros em vida. Mas se você está em Cristo, você não reside em sepulcros, nem vivo nem morto. Se você se rendeu a Cristo, rendeu-se à vida. A morte então é sua serva, a serva que abre a porta para uma vida mais plena. Você conquista a morte usando a morte.

Todo o tempo, o presente e o futuro, lhe pertence se você pertence a Cristo. Muitos não têm temor da morte, mas têm medo dessa coisa chamada tempo. Ele deixa suas marcas nos cabelos grisalhos e na pele enrugada. Depois vem a luta para deter os processos de envelhecimento: o *lifting* facial, os cosméticos e as tinturas, a maquiagem, é tudo ilusão. É uma batalha perdida, minha irmã, meu irmão. O que, então, devemos fazer? Dê as boas-vindas ao ir e vir do tempo, pois você não pertence ao tempo, pertence a Cristo, e Ele é o mesmo ontem, hoje e para sempre, o imutável, o imperecível. Ele não é o pôr

Você encontra a autorrealização por meio da semelhança com Cristo. Essa é a única maneira.

do sol nem a primeira estrela a brilhar, ele é a brilhante estrela da manhã, um nascer do sol. A Escritura diz que "a árvore da vida, [...] produz doze frutos, de mês em mês" (Apocalipse 22:2, A21). Pode cada período da vida, cada mês, ter seu próprio fruto e beleza? Eu encontrei esse tesouro! Há algo, no outono, que reside no meu sangue. Quando estou rendido a Cristo, o outono traz serenidade, amadurecimento, calma, alegria e expectativa, traz tudo do Senhor. Se as migalhas do Senhor são maravilhosas aqui na Terra, imagine quando tivermos tudo dele. O fim da minha história será melhor do que o começo, o meio e o fim aqui, melhor que todos esses três períodos da minha vida — um recomeço, com a experiência desses três períodos à minha disposição. Estou sendo poupado de muitas tentativas e erros, pois sei como a vida funciona. Ela funciona do jeito do Senhor. Uma bela conclusão que nos leva a um novo começo!

Portanto, rendição não significa renúncia, mas renúncia para realização. Agora eu me conheço.

E agora posso me aceitar. Posso aceitar isso porque isso é um "eu" aceitável, está sob redenção. Não está na meta, mas está no caminho. E a maneira do Caminho parece boa.

Uma moça agora convertida e feliz, disse: "Gosto da pessoa que estou me tornando". Uma sueca, na atividade "A manhã de abrir o coração" no *ashram*, disse: "Não gosto de mim e não gosto dos outros". Ela se entregou a Cristo e, no último dia de nossos encontros, disse: "Amo a todos esta manhã e, estranhamente, amo a mim mesma". Quando você ama a Cristo por rendição a Ele, então você ama os outros e ama a si mesmo. Pois a fé cristã ensina a amar: "Ame o seu próximo como a si mesmo" (Marcos 12:31). Você tem de amar a si mesmo. Odiar, rejeitar e desprezar a si mesmo é tão ruim quanto odiar, rejeitar e desprezar os outros.

Quando você se rende a Cristo, todo ódio de si mesmo, toda autoaversão, toda autorrejeição desaparecem. Como você pode odiar o que ele ama? Como você pode rejeitar o que ele aceita? Como você pode menosprezar por quem ele morreu? Você não é mais uma pessoa qualquer, você é uma pessoa por quem Cristo morreu. Se ele morreu por mim, deve haver algo em mim pelo qual vale a pena morrer. Eu sou importante porque sou dele.

Então posso me aceitar. Agora posso me expressar. Paulo diz: "Para mim, o viver é Cristo" (Filipenses 1:21). Portanto, expressar-se era exprimir Cristo. Expressar esse "eu" redimido é um testemunho dele. Então a entrega a Cristo salva você, por um lado, da autoafirmação egoísta, querendo sempre ocupar o centro das atenções, e, por outro lado, da timidez que nos condiciona a nos encolher e a pensar "o que eles pensam de mim?". Isso o salva da autoconsciência e da consciência de rebanho por que você tem a consciência de Cristo. Você não é um verme, nem uma maravilha. Você é o ser humano comum se tornando uma pessoa extraordinária, tudo devido a Ele. Então você pode ser você mesmo porque está se tornando semelhante a Ele. Você é livre para ser.

Então você encontra a autorrealização por meio da realização de Cristo. Não há outro caminho. Se você meditar sobre o seu "eu" sendo o Eu, o Eu divino, então isso não é rendição, mas autoafirmação. Como tal, é autodestrutivo. Aqueles que tentam perceber a si mesmos como o Eu divino têm de colocar em torno de si mesmos muitas ilusões como supostas manifestações do Eu divino. Um discípulo de um desses *swami* disse-me: "Ele é divino; ele pode lhe dizer qualquer coisa". Quando lhe fiz uma pergunta para testar sua divindade, respondeu-me: "Minha mente está cansada". Se sua mente era uma mente divina, por que estaria cansada?

Quando você está entregue a Cristo, não precisa manter as aparências para provar nada, para desempenhar um papel; você tem de ser apenas você mesmo. Tem apenas de se dirigir a Ele e dizer: "Sou o que sou pela graça de Deus". Isso aponta para o outro e o liberta da autoconsciência. Você é sobrenaturalmente natural.

Então pode se conhecer, aceitar-se e se expressar, se você se render. Nenhuma outra maneira funciona. Esta é a única. Você resolve seus problemas psicológicos e de todo seu ser.

CAPÍTULO TRÊS

AO EXIGIR RENDIÇÃO, DEUS É CRUEL OU COERENTE?

DEVEMOS AGORA VOLTAR à pergunta da repórter finlandesa: "Por que Deus é tão cruel? Por que ele exige tanto de nós?" Ao exigir rendição, Deus está sendo cruel ou coerente? A rendição tem de ser exigida apenas dos seres humanos ou também é oferecida pelo divino? Deus exige algo que Ele não faz? Ou essa demanda é realmente uma oferta, uma proposta para compartilhar o que Ele mesmo faz? Para Deus e para o homem, a rendição é a lei mais profunda do universo? Isto é uma lei: "quem quiser salvar a sua vida, a perderá, mas quem perder a sua vida por minha causa, a encontrará" (Mateus 16:25)? E essa lei vale para Deus e para o homem?

Deus obedece a todas as leis que ele exige de nós. E obedece e ilustra especialmente a lei de encontrar sua vida ao perdê-la. Esse princípio está no próprio cerne do universo. O versículo a seguir proclama vividamente esse fato: "Pois o Cordeiro que está no centro do trono será

Sei que tudo o que Deus exige de mim, ele mesmo tem de ser.

o seu Pastor, ele os guiará às fontes de água viva" (Apocalipse 7:17). A sentença "o Cordeiro que está no centro do trono" é a mais importante de qualquer versículo nas Escrituras ou de toda a literatura. O que se encontra no centro do poder final no universo? A resposta a essa pergunta determina nossa visão do universo e, em última análise, determina nossa vida. Mostre-me seus deuses e lhe mostrarei seus homens. Mostre-me o que você acha que se encontra no cerne do universo e lhe mostrarei o que está no cerne de sua conduta.

Pegue todas as respostas da filosofia e da religião quanto ao que se encontra no âmago do universo, e que respostas obtemos? Justiça, poder, lei, indiferença, dúvidas, favoritismo, algo que não pode ser obtido por meios tortuosos, o não manipulável, o alicerce no qual se estrutura nosso ser. Isso é o nada. Nenhuma resposta poderia se elevar ao patamar do amor sacrificial e abnegado nem ousaria ser equiparada a esse amor do "Cordeiro", presente no centro do trono. Isso seria impensável. Só poderia vir como revelação, e não como revelação verbal. O Verbo teve que se fazer carne. Tivemos que vê-lo no Cordeiro, Deus na cruz.

A revelação inimaginável é esta: Deus não apenas redime por meio de Jesus Cristo, ele governa em termos de Jesus Cristo. O Cordeiro está no centro do trono — o trono, e não apenas a cruz. Deus governa de uma cruz? Então a cruz é o poder final e não apenas a bondade absoluta.

Esse é um pensamento desgarrado urdido no tecido do cristianismo ou é a urdidura e a trama de toda a história cristã? Esse versículo nos deixa ver que o que está na própria base da fé cristã, fundamentada no que Deus faz e não apenas no que ele ordena: "Portanto, irmãos, rogo-lhes pelas misericórdias de Deus que se ofereçam em sacrifício vivo" (Romanos 12:1). A palavra "pois" é a palavra-chave nessa passagem. É o eixo sobre o qual toda a epístola se apoia para se voltar das doutrinas para os deveres; do que Deus fez para o que devemos fazer. E o que ele fez? Toda carta aos Romanos até o oitavo capítulo (os capítulos 9 a 11 são uma digressão) é uma exposição do que Deus fez para nos redimir. A seguinte passagem nos permite ver o que Ele fez: "Cristo morreu em nosso favor quando ainda éramos pecadores. Como agora fomos justificados por seu sangue, muito mais ainda, por meio dele, seremos salvos da ira de Deus! Se quando éramos inimigos de Deus fomos reconciliados com ele mediante a morte de seu Filho, [...] agora, tendo sido reconciliados, seremos salvos por sua vida! Não apenas isso, mas também nos gloriamos em Deus, por meio de nosso Senhor Jesus Cristo, mediante quem recebemos agora a reconciliação"(Romanos 5:8-11). Veja também outro texto que fala sobre esse tópico: "Aquele que não poupou seu próprio Filho, mas o entregou por todos nós, como não nos dará juntamente com ele, e de graça, todas as coisas" (8:32). Adicione aos versículos acima o seguinte: "[...] Deus em Cristo estava reconciliando consigo o mundo" (2Coríntios 5:19). Junte essas passagens e elas explicam as notícias surpreendentes: Deus estava em Cristo reconciliando consigo o mundo.

Portanto, a rendição está no coração de Deus e se encontra no cerne de todas suas atitudes e ações. Quando Ele pede para que nos rendamos, Ele nos pede para sermos os portadores do que há de mais profundo nele, e o que há de mais profundo nele atuará em nós. Não apenas o mais profundo, mas também o mais elevado Se houvesse um jornal cósmico anunciando: DEUS, O CRIADOR DO UNIVERSO, ENTREGOU A SI MESMO PARA REDIMIR UM PLANETA CHAMADO TERRA, o universo ficaria boquiaberto, essa seria uma manchete de uma notícia bombástica, as boas-novas. Seria mais do que uma boa notícia, definiria o padrão de vida no universo. Devemos fazer o que Deus faz, render-nos. Se fizermos isso,

A REVELAÇÃO INIMAGINÁVEL É ESTA: DEUS NÃO APENAS REDIME POR MEIO DE JESUS CRISTO, ELE GOVERNA POR MEIO DE JESUS CRISTO.

estaremos em harmonia com o universo. A realidade nos apoia, nos sustenta, nos move adiante, e nos confirma; temos o esteio cósmico. Se formos contra o que Deus faz, se fizermos de nós mesmos o centro da vida, estaremos andando na contramão do universo; não temos nada em que nos apoiar, exceto nossos desejos solitários; estamos alienados e em desarmonia com o universo e com nós mesmos. Salvamos nossa vida e a perdemos.

Então Paulo diz: "Portanto, irmãos, rogo-lhes pelas misericórdias de Deus que se ofereçam em sacrifício vivo" (Romanos 12:1). A conjunção "portanto" põe você e Deus em alinhamento. A vontade dele e a sua coincidem. E quando isso acontece, então o poder divino e o seu poder coincidem. Seu poder é seu, pois o propósito divino é seu.

Por que Paulo diz: eu imploro pela misericórdia de Deus? Por que a expressão pela misericórdia de Deus? Será que ele está deixando implícito que Deus tem misericórdia de você se você não tiver? Acho que sim, pois a vida diz tudo. Todos os problemas da vida humana surgem da vida egocêntrica. Centralize-se em si mesmo e não gostará de si mesmo. E ninguém mais gostará de você. Um psicólogo diz: "Há um milhão de possibilidade de que os indivíduos egocêntricos sejam impopulares". Com quem? Primeiro, com eles mesmos. Eles fazem o que querem e depois não gostam do "eu" expressado. Perguntei em uma reunião de jovens: "Você já viu uma pessoa feliz e egocêntrica?" No final, um jovem veio até mim e disse: "Eu sou sua exceção. Sou completamente egocêntrico e completamente feliz". Respondi: "Bem, aproveite o máximo que puder, pois não durará muito". Seus joelhos se dobraram, realmente se dobraram. Ele sabia que estava blefando. Ele cumpria este versículo: "Ele me pareceu doce como mel em minha boca; mas, ao comê-lo, senti que o meu estômago ficou amargo" (Apocalipse 10:10). Ser uma pessoa egocêntrica tem um gosto doce na boca. Faz você se sentir bem por ter feito o que queria.

De início parece muito bom, pois o ego triunfou, mas quando você tenta digerir o egocentrismo, o estômago se torna amargo. Você não foi feito para ser o centro do seu universo. Com base nisso, esse modo de agir equivale a insistir em uma conta que não fecha, por mais que você some a ela. Você foi feito para o amor abnegado, não para a preocupação consigo mesmo. Seu estômago e seus relacionamentos azedam. Nem você nem seus relacionamentos conseguem digerir esse egocentrismo.

Essa lei de salvar sua vida, perdendo-a, não é baseada nem no capricho e nem na vontade divinos. Baseia-se no caráter de Deus. É assim que Ele é, e é assim que Deus age, e se agimos de outra forma estamos em conflito com Ele e, por conseguinte, nos ferimos. Você não pode estar em conflito com a realidade e fugir dela. Você não quebra essa lei, mas quebra a si mesmo. A realidade registra suas consequências em seu interior. Você recebe em sua própria pessoa o salário por tal perversão, a perversão de se tornar Deus em vez de se render a Ele.

Assim, a frase "rogo-lhes pelas misericórdias de Deus" pode significar: Deus tenha misericórdia de você se não se render a ele. Essa rendição a Deus não é meramente uma doutrina religiosa, é uma exigência da vida. O restante de Romanos 12:1 — que diz [...] se ofereçam em sacrifício vivo, santo e agradável a Deus" — significa amar o Senhor "de todo o seu coração, de toda a sua alma, de todo o seu entendimento e de todas as suas forças" (Marcos 12:30). Observe o termo "entendimento", ou seja, "este é o culto racional". Entregar-se a Deus é "racional", é a coisa sensata a se fazer. A partir do momento em que você se entrega a Deus, a vida ganha significado, objetivo, propósito, a sensação de ir a algum lugar que vale a pena — a vida ganha sentido.

Dag Hammarskjold, o hábil secretário-geral das Nações Unidas, em seu livro *Markings*, diz: "Você descobrirá que sua vida, assim

ESSA LEI DE SALVAR SUA VIDA, PERDENDO-A, NÃO É BASEADA NEM NO CAPRICHO E NEM NA VONTADE DIVINOS. BASEIA-SE NO CARÁTER DE DEUS.

subordinada, receberá da Vida todo o seu significado, independentemente das condições que lhe forem dadas para sua concretização. Descubra que a liberdade da despedida contínua, a rendição a cada hora, dá pureza e clareza a sua experiência da realidade — sua autorrealização" (p. 130). Tempos depois, ele conta como se entregou pessoalmente a Deus: "Mas em algum momento eu respondi 'sim' a alguém, ou algo, e a partir dessa hora tive a certeza de que a existência tem sentido e que, portanto, minha vida, em rendição, tinha um objetivo" (p. 205). A partir desse momento a vida passou a ser "racional". Ganhou sentido e, então, a falta de sentido teve fim.

O momento mais sensível de sua vida e a coisa mais sensata que você faz acontecem no momento em que diz "sim" a Deus, em que se entrega a ele.

Agora observe o próximo passo nessa passagem: "Não se amoldem ao padrão deste mundo" (Romanos 12:2). A tirania da pressão do grupo sobre o indivíduo é rompida, você não está mais centrado no grupo quando se rende a Deus. A desculpa corriqueira "Todo mundo faz" é substituída por "Isso é o que Deus quer que eu faça". Você está livre da dominação do grupo, mas não é antissocial nem vive isolado. "Eu o livrarei do seu próprio povo e dos gentios, aos quais eu o envio" (Atos 16:27), liberto do povo, você agora pode servi-los. Você não pode servir as pessoas a menos que seja liberto delas. Se você sempre se pergunta "o que eles pensam de mim", então não está livre para servir as pessoas. A rendição de si mesmo o livra da rendição ao grupo, e essa é uma libertação abençoada. Há uma outra libertação na rendição: "transformar-se pela renovação da sua mente" (Romanos 12:2). Aqui a mente é "transformada"; não é a mente que está absorta em si mesma, em suas vontades e desejos, em suas mágoas e desprezos, em sua autocomiseração e ressentimentos. É uma mente com pensamentos saudáveis, construtivos e criativos que gira em torno de um novo centro, Cristo. Tal pensamento ajuda a transformar toda a sua natureza e exterior: "E toda a sua natureza assim transformada".

A rendição o liberta da autopreocupação, da preocupação com a multidão e da preocupação com pensamentos fora do centro. Portanto, toda sua natureza é transformada dessa forma.

O restante da passagem em Romanos 12:1,2 termina desta maneira: "Para que sejam capazes de experimentar e comprovar a boa, agradável e perfeita vontade de Deus". Você tenta e, no momento em que tenta, atravessa três etapas: a razão por que isso é *bom* — tem a sensação de ser bom e leva ao bem; estou alinhado com Deus, comigo mesmo e com a vida; além disso, *é aceitável,* porque se ajusta a mim, a meu corpo, a minha mente e ao meu espírito. Sinto-me em casa nesta nova vida e, por fim, tudo está *perfeito*, não mudaria nada a não ser estar ainda mais perfeitamente ajustado a essa gloriosa perfeição.

A rendição, então, é se entregar à pessoa perfeita e aos propósitos perfeitos do Deus que ilustra em si mesmo a maravilha da rendição.

Mas essa rendição em Deus é um fato ou uma ficção? É um fato. Nunca poderíamos enxergar esse fato, pois Deus é um Espírito eterno, e só poderíamos ter visto Deus na encarnação em Jesus Cristo. Se Jesus é a vida humana de Deus, então as atitudes e atos de Jesus são as atitudes e atos de Deus. Ele é a Palavra de rendição que se tornou carne. Felizmente, vemos nele a hora de crise da rendição no episódio descrito em João 12:20-33, quando os gregos vieram e disseram a Filipe: "Senhor, queremos ver Jesus". Isso precipitou uma incrível crise de alma em Jesus: "Chegou a hora de ser glorificado o Filho do homem. 'Digo-lhes verdadeiramente que, se o grão de trigo não cair na terra e não morrer, continuará ele só. Mas se morrer, dará muito fruto". Por que uma simples entrevista de gregos precipitaria uma crise, uma crise em que morrer ou não morrer parecia ser a questão?

Essa pergunta dos gregos suscitou uma situação semelhante a esta: "Senhor, se você continuar do jeito que está, esses judeus o matarão. Não vá para Jerusalém, venha para Atenas. Transmita sua maravilhosa mensagem do Reino de Deus através da filosofia e cultura gregas. Assim se espalhará pelo mundo. Você alcançará seus objetivos se tornando nosso Mestre, nosso Amado Mestre e Filósofo. Não vá para Jerusalém e morra, venha para Atenas e viva, viva muito e com honra".

A questão era a salvação de si mesmo ou a entrega de si mesmo, a cátedra de um filósofo ou uma cruz. Isso não está muito distante do que já foi dito pelos judeus: "Aonde pretende ir este homem, que não o possamos encontrar? Para onde vive o nosso povo, espalhado entre os gregos, a fim de ensiná-lo?" (João 7:35) A tradição diz que o rei de Edessa pediu a Jesus que viesse a sua cidade.

Jesus revela a profunda crise de sua alma: "Aquele que ama a sua vida, a perderá [...]. Agora meu coração está perturbado, e o que direi? 'Pai, salva-me desta hora?' Não; eu vim exatamente para isto, para esta hora. Pai, glorifica o teu nome!" (João 12:25,27). Jesus não racionalizou nem transigiu. Ele enfrentou essa "hora". Ele entregou-se a Deus: "Pai, glorifica o teu nome". Ele deu a Deus um cheque em branco assinado com seu próprio sangue. Ele sabia que a "hora" tratava-se da ida a Jerusalém, onde seria crucificado. Também sabia que, por trás dessa rendição à cruz estava o poder supremo e a vitória derradeira: "'Chegou a hora de ser julgado este mundo; agora será expulso o príncipe deste mundo. Mas eu, quando for levantado da terra, atrairei todos a mim'. Ele disse isso para indicar o tipo de morte que haveria de sofrer" (12:31-33). O "eu" cairia no chão, morreria e produziria uma rica colheita. Ele se alinhou com a autodoação em vez da salvação de si mesmo. E ao fazer isso, Ele revelou a coisa mais profunda no coração de Deus — o sacrifício de si mesmo, o Cordeiro no centro do trono. Deus governa doando-se, Ele governa de uma cruz.

Jesus não racionalizou nem transigiu. Ele enfrentou essa "hora". Ele entregou-se a Deus: "Pai, glorifica o teu nome". Ele deu a Deus um cheque em branco assinado com seu próprio sangue.

AO EXIGIR RENDIÇÃO, DEUS É CRUEL OU COERENTE?

Quando Pedro fez a grande confissão em Cesareia de Filipe de que Jesus é "o Cristo, o Filho do Deus vivo", não por acaso a confissão foi feita ali. Em Cesareia de Filipe havia uma gruta branca na qual uma imagem de César era adorada como Deus. Será que o poder do universo é semelhante ao poder de César — força? Ou o poder do universo é semelhante ao poder de Cristo — amor abnegado? Eles sabiam quem Cristo era. Agora Ele os deixaria saber o que estava no cerne de ser "[o Messias], o Filho do Deus vivo". "Desde aquele momento Jesus começou a explicar aos seus discípulos que era necessário que ele fosse para Jerusalém e sofresse muitas coisas nas mãos dos líderes religiosos, dos chefes dos sacerdotes e dos mestres da lei, e fosse morto e ressuscitasse no terceiro dia. Então Pedro, chamando-o à parte, começou a repreendê-lo, dizendo: 'Nunca, Senhor! Isso nunca te acontecerá!'" (Mateus 16:21-22). Pedro pensou que o Messias seria assertivo, conquistaria César e o mundo pela força. Ele ficou chocado. Todos seus sonhos de domínio mundial desmoronaram. Então ele chamou Jesus "à parte" e o repreendeu. Pedro tentou chamar Jesus para o seu sonho de poder. E depois veio a resposta que estilhaçou esse sonho. "Para trás de mim, Satanás! Você é uma pedra de tropeço para mim, e não pensa nas coisas de Deus, mas nas dos homens" (v. 23). Em outras palavras, Jesus revelou que, ao tomar a cruz, estava revelando o pensamento de Deus, a própria natureza de Deus.

Pedro ainda estava na assertividade do "eu" em vez de na rendição do "eu", Jesus, portanto, teve de chamá-lo de "Satanás". Muito cruel? Ele tinha de ser, pois a maior questão do universo estava em jogo: o que é semelhante Deus? César ou o Cristo que se entrega? A força ou o amor estão no âmago do universo?

Quando Pedro rejeitou a ideia do amor sofredor, tornou-se um "Satanás", pois foi assim que Lúcifer se tornou Satanás, um ser orgulhoso e assertivo do "eu". "Eu vi Satanás caindo do céu como relâmpago", disse Jesus (Lucas 10:18). Quando Ele disse isso? Quando os setenta e dois voltaram jubilosos e disseram: "Senhor, até os demônios se submetem a nós, em teu nome" (v. 17). Preste atenção, "submetem-se a nós". Usar o nome de Jesus para fazer com que os demônios "submetam-se a nós". O "eu" mais uma vez está no centro até mesmo ao expulsar demônios. Por conseguinte, Jesus teve de alertá-los sobre a forma como Satanás caiu, colocando-se no centro.

Alguém poderia pensar que quando os discípulos, com o auxílio de Pedro, fizeram a confissão de que Jesus era o Cristo, o Filho do Deus vivo, tudo se encaixaria depois disso, sendo esta confissão o eixo em torno do qual tudo giraria. Por três anos eles não tiveram certeza sobre quem Ele era, um homem ou Deus encarnado? Agora ficou claro, e tudo seria esclarecido. Todavia, depois dessa confissão, os discípulos não fizeram nada correto no restante do capítulo. Eles foram de erro em erro, de choque em choque. Veja os embates:

1. De um discípulo como outro discípulo: "Começou uma discussão entre os discípulos acerca de qual deles seria o maior" (Lucas 9:46). Como grupo, eles não conseguiam se dar bem uns com os outros — havia uma briga interna por posição e poder.
2. Um grupo de discípulos em confronto com outro grupo de discípulos: "Disse João: 'Mestre, vimos um homem expulsando demônios em teu nome e procuramos impedi-lo, porque ele não era um dos nossos'" (Lucas 9:49). Não era um dos nossos — um grupo em choque com outro grupo.
3. Choque de etnia com etnia: "E enviou mensageiros à sua frente. Indo estes, entraram num povoado samaritano para lhe fazer os preparativos; mas o povo dali não o recebeu porque se notava que ele se dirigia para Jerusalém. Ao verem isso, os discípulos Tiago e

João perguntaram: 'Senhor, queres que façamos cair fogo do céu para destruí-los?' Mas Jesus, voltando-se, os repreendeu, dizendo: 'Vocês não sabem de que espécie de espírito vocês são, pois o Filho do homem não veio para destruir a vida dos homens, mas para salvá-los'; e foram para outro povoado" (Lucas 9:52-56). Esse é um confronto étnico — judeu contra samaritano.

4. Indivíduos em conflito consigo mesmos. (a) "Quando andavam pelo caminho, um homem lhe disse: 'Eu te seguirei por onde quer que fores'. Jesus respondeu: 'As raposas têm suas tocas e as aves do céu têm seus ninhos, mas o Filho do homem não tem onde repousar a cabeça'" (Lucas 9:57-58). Jesus viu que o homem procurava coisas contraditórias, queria seguir a Cristo e continuar com seu conforto. Ele estava em desarmonia consigo mesmo. (b) "A outro disse: 'Siga-me'. Mas o homem respondeu: 'Senhor, deixa-me ir primeiro sepultar meu pai'. Jesus lhe disse: 'Deixe que os mortos sepultem os seus próprios mortos; você, porém, vá e proclame o Reino de Deus'" (Lucas 9:59-60). Evidentemente, o pai não estava morto em casa, mas o homem queria ir para casa e ficar por perto até que seu pai morresse, para que pudesse lhe dar um funeral adequado para manter o nome e o prestígio da família e, incidentalmente, pudesse obter uma parte da herança do pai, que provavelmente não receberia se seguisse a Jesus de imediato. Aqui estava um conflito entre seguir a Jesus e o desejo de manter a posição familiar ao estar presente no funeral do pai e assegurar sua parte da herança para si mesmo, essa era uma mistura de desejos conflitantes. (c) "Ainda outro disse: 'Vou seguir-te, Senhor, mas deixa-me primeiro voltar e despedir-me da minha família'. Jesus respondeu: 'Ninguém que põe a mão no arado e olha para trás é apto para o Reino de Deus'" (Lucas 9:61-62). Aqui estava um homem calculando do quanto que teria de abrir

mão para seguir a Jesus. Ele era alguém que queria o melhor de dois mundos. Queria seguir a Jesus, no presente e no futuro, mas também queria se apegar ao passado, dizendo a si mesmo: "Veja o quanto renunciei para seguir a Jesus". Rendição misturada com autocomiseração.

Aqui estão quatro desarmonias básicas:

1. Um discípulo em conflito com outro do mesmo grupo. Um discípulo, às vezes, em desarmonia com o grupo demonstra essa característica da autoafirmação.
2. Grupo em conflito com grupo — um grupo de seguidores de Jesus em conflito com outro grupo de seguidores de Jesus. Com certeza, a autoafirmação está presente nos dois grupos.
3. Etnia contra etnia — judeu contra samaritano. A autoafirmação pode ser uma manifestação por etnia: "Defenderei minha etnia, quer esteja certa quer esteja errada".
4. Indivíduos em conflito consigo mesmos. (a) Alguém que deseja Cristo e comodidade, duas coisas incompatíveis. (b) Outro querendo manter o nome da família ao proporcionar um grande funeral para seu pai e ao mesmo tempo assegurar uma herança para si. (c) Outro lamenta o quanto renunciou: rendição acompanhada de autocomiseração.

O resultado de tudo isso é uma impotência moral e espiritual: "Roguei aos teus discípulos que o expulsassem, mas eles não conseguiram" (Lucas 9:40). Por que os discípulos não conseguiram expulsar o demônio do menino? Porque o menino estava mais cheio do demônio do que os discípulos estavam cheios da presença de Deus. E a razão para a pouca a presença de Deus era que em cada caso

Dizemos que conhecimento é poder, mas não é poder a menos que leve ao comprometimento a menos que se entregue à pessoa de Jesus, você não conhece o poder de Jesus.

os discípulos ainda agiam baseados no egocêntrico. Eles pensavam como os homens pensam com o foco na autossalvação, e não no perder-se a si mesmo. Eles sabiam quem era Jesus, o Messias, o Filho de Deus, mas não compreendiam qual era o cerne do Filho de Deus, a entrega de si mesmo. Portanto, Jesus e eles viveram lado a lado em dois mundos diferentes, o mundo da autossalvação e o mundo do render-se a si mesmo. Jesus tinha a chave; eles não. Jesus, em meio à tempestade, à oposição, ao ódio e à traição, sempre se posiciona da forma correta. Eles se atrapalhavam quanto à forma correta de viver. Essa confusão durou os dez dias que estiveram no cenáculo, e quando receberam a dádiva maior de Deus, o Espírito Santo, eles superaram o egocentrismo, aprenderam o segredo de Jesus e renderam-se. Assim, discípulos tímidos se tornaram apóstolos destemidos. Eles agora tinham o segredo: a rendição de si mesmos.

O episódio de Cesareia de Filipe nos ensina isto: já é suficientemente tumultuado saber que Jesus é o Cristo, o Filho do Deus vivo. Esse conhecimento não transformou os discípulos. Nem impediu que continuassem indo de erro em erro, em meio a relacionamentos desacertados. Dizemos que conhecimento é poder, mas não é poder a menos que leve ao comprometimento. Você só conhece o poder de Jesus quando se entrega a Ele.

Há outro aspecto que lança luz sobre Jesus, revelando em sua própria pessoa a natureza de Deus, o amor abnegado e doador de si mesmo.

> Um pouco antes da festa da Páscoa, sabendo Jesus que havia chegado o tempo em que deixaria este mundo e iria para o Pai, tendo amado os seus que estavam no mundo, amou-os até o fim. Estava sendo servido o jantar, e o Diabo já havia induzido Judas Iscariotes, filho de Simão, a trair Jesus. Jesus sabia que o Pai havia colocado todas as

coisas debaixo do seu poder, e que viera de Deus e estava voltando para Deus; assim, levantou-se da mesa, tirou sua capa e colocou uma toalha em volta da cintura. Depois disso, derramou água numa bacia e começou a lavar os pés dos seus discípulos, enxugando-os com a toalha que estava em sua cintura (João 13:1-5).

O lavar dos pés dos discípulos, incluindo Judas depois que ele decidiu traí-lo, foi uma revelação surpreendente de sua humildade. Jesus, bem consciente de que o Pai lhe confiava tudo, ajoelhou-se e lavou os pés aos seus discípulos. Apesar de ter consciência que tudo estava sob seu poder, ele praticou o ato mais humilde possível. A consciência de sua grandeza era o segredo de sua humildade. Aqueles que são egocêntricos não ousam ser humildes a fim de não demonstrarem sua insegurança e superficialidade. Então, eles buscam ser os primeiros, ocupando o lugar de proeminência, estando sempre à frente de todos e chamando atenção para si a fim de que a vangloria diante de todos encubra o sentimento de inferioridade.

O ego não rendido é sempre arrogante, chamando atenção em todos os momentos e nunca perdendo a oportunidade de relatar seus grandes feitos. Só o Deus encarnado, consciente de que tudo era seu, ousaria inclinar-se para lavar os pés de seus discípulos no momento em que uma iminente humilhação — a cruz — se aproximava. Isso acrescenta um aspecto mais especial a esse ato de humildade. Este é o ponto: tendo se entregado a Deus, Ele ousou se render ao homem; ao homem em seu melhor na pessoa dos discípulos, e ao homem em seu pior na pessoa dos crucificadores.

Ele poderia lançar ao vento toda a autoconfiança, toda a vanglória e toda autopreservação. Ele era livre, livre para se elevar acima de tudo e ser vencedor em tudo. Possuindo tudo mediante rendição, Ele agora estava livre para conquistar tudo. Sua posição interior era esta:

"Entregando-me voluntariamente à morte de cruz, o que a morte pode fazer comigo agora? Já escolhi morrer. A humilhação não pode me machucar, pois já me humilhei".

Esse é o segredo da liberdade tanto para Deus quanto para o homem. Deus, o Criador, era livre para se tornar homem, a criatura, porque cumpria a lei mais profunda do universo: salvar sua vida ao perdê-la. O servo de todos se torna o maior de todos. Isso se aplica a Deus encarnado e ao homem.

Jesus não era um moralista, impondo um código moral. Ele era o revelador da natureza da realidade. Em primeiro lugar, o revelador da natureza de Deus: Deus é amor abnegado e doador de si mesmo. Em segundo lugar, o revelador da natureza do universo: Ele raramente usava o imperativo, quase nunca o subjuntivo, quase só o indicativo — esse foi e ainda é o seu ensinamento. Quando ele terminou o Sermão da Montanha, as multidões "estavam maravilhadas com o seu ensino, porque ele as ensinava como quem tem autoridade, e não como os mestres da lei" (Mateus 7:28-29). Com autoridade, ensinou-lhes a lei da rendição.

Jesus terminou esse episódio de lavar os pés dos discípulos com estas palavras: "Quando terminou de lavar-lhes os pés, Jesus tornou a vestir sua capa e voltou ao seu lugar. Então lhes perguntou: 'Vocês entendem o que lhes fiz? Vocês me chamam 'Mestre' e 'Senhor' e com razão, pois eu o sou. Pois bem, se eu, sendo Senhor e Mestre de vocês, lavei-lhes os pés, vocês também devem lavar os pés uns dos outros'" (João 13:12-14). Observe a mudança da ordem: "Vocês me chamam 'Mestre' (literalmente, Professor) e 'Senhor' [...] eu, sendo Senhor e Mestre [Professor]". Os discípulos estavam dizendo que o papel principal dele era Mestre e, depois, Senhor. E Jesus disse ao contrário: "Sou principalmente seu Senhor e, depois, Mestre". Essa mudança foi importante, de vital importância. Jesus não é principalmente

A RENDIÇÃO A JESUS CRISTO COMO SENHOR É A ÊNFASE PRINCIPAL NA FÉ CRISTÃ. POIS O CRISTIANISMO NÃO É UMA FILOSOFIA NEM UM MORALISMO A SER APRENDIDO. O CRISTIANISMO SE TRATA DE SE ENTREGAR A UM SENHOR E LHE SER OBEDIENTE.

Mestre — ele é principalmente Senhor. A rendição a Jesus Cristo como Senhor é a ênfase principal na fé cristã. Pois o cristianismo não é uma filosofia nem um moralismo a ser aprendido. O cristianismo se trata de se entregar a um Senhor e lhe ser obediente. Se ele não for seu Senhor, ele não é seu Mestre. Ele ensina aqueles que lhe obedecem, e apenas aqueles que lhe obedecem. Sabemos tanto quanto estamos dispostos a praticar, e nada mais. O Novo Testamento fala daqueles que, embora buscando aprender, jamais chegam ao conhecimento da verdade. Por que eles nunca chegam ao conhecimento da verdade? Porque eles só estudam e não obedecem. Só aprendemos pela obediência.

Portanto, não é por acaso que o credo cristão mais antigo é: "Jesus Cristo, [...] nosso Senhor", e não: "Jesus Cristo, nosso Mestre". "Se você confessar com a sua boca que Jesus é Senhor [...] será salvo". "Ninguém pode dizer: 'Jesus é Senhor', a não ser pelo Espírito Santo.". A frase "Jesus é Senhor" foi usada como a mais antiga confissão cristã, o mais antigo credo cristão. Se a verdade "Jesus é Senhor" estava no credo cristão mais antigo, então a rendição a Jesus diz respeito à atitude e à prática cristãs mais antigas.

Mas, ao longo dos séculos, a cristandade permitiu que a ordem de importância usada pelos discípulos na frase: "Vocês me chamam 'Mestre' e 'Senhor'" resvalasse para a crença e a prática. Se você repetir os credos e aprender o catecismo, está pronto para o batismo e a adesão à igreja. O cristianismo passa a ser uma proposição a ser repetida, em vez de uma rendição a uma pessoa. Essa simples mudança de ordem foi e é a coisa mais empobrecedora que já se insinuou em nossa fé. Se aceitamos Jesus como Mestre, o "eu" não é necessariamente tocado, mas se você aceita Jesus como Senhor, então o "eu" é tocado, e fundamentalmente. O "eu" está rendido. Ele abdica de si mesmo e declara: "Jesus é Senhor". Até que se renda, você é um "egoísta". Quando se entrega, você é um "cristão", alguém se tornando semelhante a Cristo.

Quando alguns psiquiatras ouviram falar sobre o brilho de Mary Webster, pensaram que poderia ser um brilho neurótico, então sugeriram que ela deveria fazer sessões de psicanálise. Escrevi para ela, meio de brincadeira, contando o que os psiquiatras diziam. Sua resposta foi: "Por que eles querem que eu faça psicanálise? Não tenho problemas. Eles pensam que sou uma alienada pro causa da religião? Eu não sou religiosa; Eu sou dele". Essa frase: "Eu não sou religiosa, eu sou dele", é a linha divisória entre os dois modelos: "Mestre e Senhor" e "Senhor e Mestre". Se achar que Cristo é principalmente "Mestre", você é religioso; se achar que Ele é principalmente Senhor e você é dele, você é cristão, alguém se tornando semelhante a Cristo. Um é adsorção e o outro é absorção. Na adsorção, você é como o carvão, que segura as partículas do lado de fora; na absorção você é como uma esponja, as partículas permeiam a própria natureza da esponja. Portanto, existem os ad-cristãos, aqueles que se apegam a Jesus por fora, os insubmissos; e há os ab-cristãos, aqueles que são permeados por Jesus, os rendidos.

Uma passagem convincente que coloca o princípio e a prática da rendição no próprio coração do divino é a seguinte:

> Seja a atitude de vocês a mesma de Cristo Jesus, que, embora sendo Deus, não considerou que o ser igual a Deus era algo a que devia apegar-se; mas esvaziou-se a si mesmo, vindo a ser servo, tornando-se semelhante aos homens. E, sendo encontrado em forma humana, humilhou-se a si mesmo e foi obediente até a morte, e morte de cruz! Por isso Deus o exaltou à mais alta posição e lhe deu o nome que está acima de todo nome, para que ao nome de Jesus se dobre todo joelho, nos céus, na terra e debaixo da terra, e toda língua confesse que Jesus Cristo é o Senhor, para a glória de Deus Pai (Filipenses 2:5-11).

Agora observe a progressão na descida: (1) "Embora sendo Deus." (2) "Não considerou [...] o ser igual a Deus." (3) "Mas esvaziou-se a si mesmo." (4) "Vindo a ser servo." (5) "Humilhou-se a si mesmo." (6) "E foi obediente até a morte." (7) "E morte de cruz." Houve sete degraus para baixo — do trono até a cruz. Não se pode imaginar doação maior do que essa.

Agora observe a progressão na subida: (1) "Por isso Deus o exaltou." (2) "À mais alta posição." (3) "E lhe deu o nome que está acima de todo nome." (4) "Para que ao nome de Jesus se dobre todo joelho." (5) "Nos céus, na terra e debaixo da terra." (6) "E toda língua confesse que Jesus Cristo é o Senhor." (7) "Para a glória de Deus Pai."

Há dois princípios em ação aqui, os princípios de perder a si mesmo e de se encontrar. O primeiro princípio está firmemente plantado na natureza do divino. Isso é o que Deus é e o que Deus faz. Ele dá suas bênçãos aqui e ali, não de forma Ele entrega a si mesmo. E não se entrega de modo marginal, renunciando aqui e ali. Ele se entrega à cruz. Essa é a entrega suprema: dar a vida.

O segundo princípio em ação aqui é o princípio do encontrar-se, que também está firmemente plantado na natureza do divino: Deus toma o remédio que recomenda a todos nós: obedecer à sua própria lei de perder sua vida e encontrá-la ao perdê-la. Ele vai da cruz ao trono, todo joelho se dobrará e toda língua confessará que "Jesus Cristo é o Senhor" em reverência universal. E isso não rebaixa Deus; é feito "para a glória de Deus-Pai". O Deus das cicatrizes torna-se o Deus dos céus.

Um Deus assim pode ter meu coração sem reservas ou restrição.

A mão perfurada por um prego segura o cetro dos universos, e meus joelhos se dobram diante dele. Se Deus não tivesse mãos perfuradas por pregos, não me interessaria nele; um Deus que não se importa, não conta. Se, como diz o barão Von Hügel, "um cristão é

O HOMEM É CONVIDADO A SER COMO DEUS NA ENTREGA DE SI MESMO. E QUANDO O FAZ, ELE SE ENCONTRA, NÃO COMO DEUS, MAS EM COMUNHÃO COM DEUS NO QUE DEUS CONSIDERA SER O MAIS SUBLIME PARA O SER HUMANO: A RENDIÇÃO.

aquele que se importa", então o Deus cristão também é aquele que se importa — e como!

Se a rendição está no centro do universo, no coração de Deus, então, quando Jesus aparentemente exige de nós que ofereçamos a nós mesmos como um sacrifício vivo, a exigência não é uma exigência, mas uma oferta. Ele nos oferece o privilégio de realizar o que está fazendo, e a rendição se torna autorrealização. Você se encontra enquanto se perde.

Ao lado deste método de autopercepção por meio da rendição, os outros métodos de autopercepção através da tentativa de ter a consciência de si mesmo como se fosse um deus parecem de mau gosto. A pessoa que buscam um deus em seu ego senta-se e medita afirmando ser um deus. Mas isso é autodestrutivo, pois é autoafirmação do tipo mais grosseiro, o homem afirmando-se como um deus. Não admira que nunca funcione. Não pode funcionar. Pois o homem é um homem e não Deus, uma criatura e não o Criador.

O homem é convidado a ser como Deus na entrega de si mesmo. E quando o faz, ele se encontra, não como Deus, mas em comunhão com Deus no que Deus considera ser o mais sublime para o ser humano: a rendição. Embora a tentativa perceber-se como sendo um deus venha da Índia e termine em futilidade, há algo mais mais espantoso que também vem de lá. Perguntaram a Mahatma Gandhi: "Se você tivesse o poder de refazer o mundo, o que você faria primeiro?" Ele respondeu: "Eu oraria para que pudesse renunciar a esse poder". Ele viu com rara percepção que o poder de refazer o mundo acabaria em seu ser como uma autoafirmação autocrática. Ele preferiu ser um servo abnegado. Nisso nosso amor e admiração por ele crescem, como também cresce sua influência sobre nós.

Jesus, sabendo como os títulos externos influenciam as atitudes internas, falou a seus discípulos sobre três títulos que eles não

O SERVO DE TODOS SE TORNA
O MAIOR DE TODOS.

deveriam usar: "Mas vocês não devem ser chamados mestres; um só é o Mestre de vocês, e todos vocês são irmãos. A ninguém na terra chamem 'pai', porque vocês só têm um Pai, aquele que está nos céus. Tampouco vocês devem ser chamados 'chefes', porquanto vocês têm um só Chefe, o Cristo. O maior entre vocês deverá ser servo. Pois todo aquele que a si mesmo se exaltar será humilhado, e todo aquele que a si mesmo se humilhar será exaltado". (Mateus 23:8-12). Esses títulos expressam atitudes autoafirmativas. Os "mestres" são aqueles que sentem que, por terem um diploma e uma posição de professor, necessariamente estão acima das outras pessoas. Lao Tsé, o sábio chinês, disse: "Homens sábios nunca são eruditos, e eruditos nunca são sábios". Um exagero, talvez, mas com frequência uma verdade. Os "pais" são aqueles que, por causa da experiência e da idade, se posicionam sobre esse pináculo e assumem esta atitude para com a geração mais jovem: "Escutem, a sabedoria fala agora". Sentem que conquistaram o direito à autoridade, porque, tendo vivido muito, assumem que necessariamente viveram bem. Isso não é necessariamente verdade. Existe o jovem tolo e também o velho tolo. Alguns na velhice sofrem com o endurecimento das artérias, mas ainda mais sério é o endurecimento do coração.

Uma mulher disse em uma de nossas reuniões: "Estou prestes a me transformar no tipo de pessoa que não quero ser". Alguns já se transformaram nessa pessoa indesejada.

Os "chefes" têm a atitude do tipo: "Eu lidero, sigam-me". Apesar dessa advertência de Jesus sobre sermos chamados de chefes, temos encorajado essa mentalidade na igreja cristã: "Aulas para treinamento em liderança", "Como ser um líder" etc., são cursos criados para nossos pastores. Será que com essa mentalidade produzimos líderes? Chefes? Dificilmente. Produzimos líderes e chefes exagerados. Nossos jovens são exortados no dia da formatura: "Agora saiam e sejam

A RENDIÇÃO É INERENTE A DEUS E AO HOMEM, E É O TEMA DAS ESCRITURAS.

líderes". Então eles saem das salas de formatura e dizem ao mundo: "Eu sou um líder, sigam-me". E eles ficam surpresos que o mundo não os siga. E não segue mesmo. Por quê? Porque esta perspectiva está fora de eixo, vai contra a lei moral: "Aquele que a si mesmo se exaltar será humilhado".

Dois indianos estavam em uma palestra, um era político religioso, manipulando os homens e as situações como se fossem marionetes, tudo em interesse próprio. O outro era Sadhu Sundar Singh, que havia perdido a vida em serviço humilde, não querendo nada além de apresentar seu Senhor. Quando o primeiro homem falou, ele se empolgou, mas não a nós: quanto mais enfático, menos eficaz ele se tornava. Com cautela, dizíamos: "Ah, sei, sei". Quando Sadhu Sundar Singh falou, éramos todos olhos e ouvidos. Ele não tinha nenhuma posição externa, nenhuma autoridade externa, mas ele nos mantinha magnetizados com nosso consentimento interno. Ele era a personificação tanto do perder a si mesmo quanto do se encontrar.

Em um monumento a um marajá indiano havia quatro linhas de títulos. Voltei-me para um amigo e disse: "Eles deveriam chamá-lo de Jesus". Não consigo me lembrar de nenhum dos títulos desse marajá nem mesmo de seu nome. Mas o nome de Jesus não está escrito em nenhum monumento, foi semeado em nosso ser.

Em uma reunião de mulheres na Índia, duas disputavam o lugar de presidente. Quando se sentaram uma de cada lado da cadeira daquela que se aposentava, uma puxou a cadeira um pouco para a frente; a outra, notando o movimento, fez a mesma coisa. Então a primeira puxou sua cadeira para frente novamente e sua rival a copiou. Isso continuou até que elas estivessem na beira da plataforma. Vendo o que acontecia, a plateia começou a sorrir, depois riu e gargalhou. As mulheres caíram no esquecimento. A audiência escolheu outra pessoa como presidente.

Uma vez que todas essas três atitudes ou posições de professores, pais e líderes são autoafirmativas e, portanto, não podem ser cristianizadas, então que atitude devemos ter? Ele responde: "O maior entre vocês deverá ser servo." "Servo" era o único título que Ele poderia lhes confiar. A diferença era muito profunda: as primeiras três atitudes eram autocentradas e autoafirmativas, mas a última era de perder-se a si mesmo.

Então o que acontece? Uma coisa estranha: o servo de todos se torna o maior de todos. "Todo aquele que a si mesmo se humilhar será exaltado." E isso acontece de fato. A democracia, a mais alta forma de governo, quando escolhe seus líderes, chama-os de "primeiro-ministro", primeiro-servo. O servo de todos se torna o maior de todos. Além disso, se o primeiro-ministro em vez de servir ao povo passa a servir a si mesmo, usando o cargo para seus próprios fins, então o veredito é dado nas urnas e ele perde. "E foi grande a sua queda."

Se o único título seguro para um cristão é "servo", não há lugar para ambição na fé cristã? Alguém levantou essa questão em uma associação de serviço voluntário: "Então não há lugar para um empresário de sucesso na fé cristã?" Lembrei-o de que ele pertencia a uma "associação de serviço voluntário" e não a uma "associação a serviço de si mesmo". Por que repudiaram um e adotaram o outro? Porque eles viram, quer de maneira tímida quer de maneira vívida, que o servo de todos se torna o maior de todos.

Há lugar para pessoas ambiciosas na fé cristã e há graus de grandeza. "O maior entre vocês deverá ser servo" (Mateus 23:11). Servir com nobreza, torna-o grande. "E quem quiser ser o primeiro deverá ser escravo de todos" (Marcos 10:44). Para ser o primeiro e necessário estar imerso na doação de si mesmo, ser servo de todos. Servo — grande; escravo — primeiro. Você se eleva à medida que se humilha. Depois vem o mais elevado e o maior de todos: "O Filho do homem

[...] [veio para] dar a sua vida em resgate por muitos" (Mateus 20:28). Então os graus são estes: "servo" significa grande; "escravo" significa primeiro; e "o Filho do homem [...] [que veio para] dar a sua vida em resgate" é o mais elevado e o maior de todos. Seja como Ele e o progresso em grandeza será infinito. Quanto mais descemos a escada da autodoação humilde, mais se abre a porta do crescimento.

Essa é a revelação mais surpreendente de grandeza já feita e a mais benéfica para todos os envolvidos. Se você tomar essa atitude, você beneficia o servido e beneficia o servidor, beneficiando a todos. Mas se você tomar a atitude oposta e se tornar egocêntrico, fere a sociedade e a si mesmo. Tanto a sociedade quanto você mesmo se empobrecem.

Para resumir este capítulo: o princípio e a prática da rendição, do perder a si mesmo para se encontrar é inerente a Deus e ao homem. Se Deus transgredisse esse princípio e essa prática não seria Deus, e se o homem os violar, não está se comportando como o homem foi criado para ser.

CAPÍTULO QUATRO

A RENDIÇÃO É INERENTE À NATUREZA?

VIMOS QUE A RENDIÇÃO é inerente a Deus e inerente ao homem, e é o tema das Escrituras. O que a natureza tem a dizer?

Um cientista explicou: "O método de Deus na natureza é a evolução e o método de Deus no homem é o cristianismo". Na evolução, a interpretação usual é que a natureza está banhada em sangue, em garras e presas; é a sobrevivência do mais apto devido a dente e garra mais afiados; é o "eu" contra o resto. Como pode esse processo ser o método de Deus na natureza?

Mas essa interpretação da evolução como "eu" contra os demais é apenas um lado da evolução. Existe um outro lado e Kropotkin o interpretou em sua tese *A luta pela vida dos outros*. A interpretação de Darwin da natureza como o "eu" contra os demais era uma meia-verdade e, quando aplicada como método de sobrevivência entre os homens, levou-nos à maior crise da história da humanidade. As nações começaram a afiar os "dentes e garras" nacionais, acumularam armamentos, descobriram a bomba atômica e agora têm poder suficiente para destruir a si mesmas e a todos os habitantes da Terra. Isso nos trouxe à beira do desastre total. Temos de encontrar um método de sobrevivência que nos salve dessa "consequência", a aniquilação total. "A lei da ajuda mútua" é o método de sobrevivência na natureza inferior e entre os homens. A lei da ajuda mútua na paternidade e na maternidade é a própria base da natureza. Retire isso e nada na natureza sobreviverá.

A coisa viva mais antiga do nosso planeta é a sequoia-gigante. Ela sobreviveu por seis razões: (1) É reta. Funciona em consonância com a lei da gravidade, e não contra ela. Se fosse tortuosa, a lei da gravidade a teria puxado para baixo. (2) Ela tem uma raiz externa que a apoia para mantê-la reta e impedi-la de se inclinar. (3) Tem um ácido em sua casca que repele as pequenas brocas. Por isso ela se mantém saudável. (4) Se uma calamidade a atinge, como um incêndio florestal, e deixa um ferimento, este é curado pela árvore, ficando uma cicatriz em seu lugar. Essa árvore tem o poder de curar a si mesma. (5) Se a copa for derrubada por um raio, ela se recusa a parar de crescer, apresentando uma nova copa. (6) As árvores vivem em grupos e suas raízes se entrelaçam. Elas se sustentam se um furacão ou uma tempestade as atinge. Essas árvores, por serem uma sociedade de ajuda mútua, ilustram a mais antiga e importante lei de sobrevivência na natureza e no homem.

Os cinco níveis da vida ilustram o princípio da rendição do reino inferior ao reino superior: o reino mineral, o reino vegetal, o reino animal, o reino do homem e o Reino de Deus. Cada um desses reinos pode violar essa lei de rendição ao reino superior, decidindo permanecer em seu próprio nível, acreditando que não há nada além de si mesmo. O reino mineral pode decidir que não há nada além de si mesmo, que a vida termina com o mineral. Mas o reino vegetal sabe que existe uma vida superior à do mineral. Assim, os reinos vegetal, animal e humano podem, cada um por sua vez, decidir que não há nada além de si mesmos. Quando chegamos ao reino humano, o homem pode decidir deliberadamente que representa a vida no seu mais alto grau. Nada além — a vida é humanismo, o homem é Deus.

Mas em todas as épocas, entre todos os povos, o homem parece ser influenciado por um reino superior, o Reino de Deus. Essa influência do alto desperta no homem o anseio por algo maior, pela oração, uma espécie de nostalgia, de saudade de Deus. O homem se encontra entre dois reinos, o reino animal e o Reino de Deus. O reino animal representa o "eu" contra os demais, e o Reino de Deus representa o eu divino para o bem dos demais; um fica vermelho por causa dos dentes e garras e o outro fica vermelho com o sangue do sacrifício de si mesmo pelo bem de todos; um é matança mútua; e o outro é ajuda mútua; um é movido pela fome modificada aqui e ali pelo amor, o outro é movido só pelo amor. O homem pode decidir se entregar ao superior ou ao inferior, pode nascer do alto ou nascer apenas na carne.

Como um homem pode passar do reino do homem para o Reino de Deus? Esforçando-se mais? Buscando mais conhecimento? Nenhum desses esforços ajudará o homem a passar do reino do homem para o Reino de Deus. O Reino superior tem de descer. Jesus é essa vinda divina. Ele vem a nós e diz: "Pare de tentar. Entregue-se a mim". Nós nos entregamos. Não sabemos como, mas somos arrebatados, transformados e transfigurados, nascidos do alto, somos "nova criação. As coisas antigas já passaram; eis que surgiram coisas novas!" (2Coríntios 5:17). Somos parte de uma nova ordem, o Reino de Deus.

Uma mulher veio a um de nossos *ashrams* e disse na sessão da atividade "A manhã de abrir o coração": "Eu vim aqui para me livrar de minhas próprias mãos". O "eu" em suas próprias mãos é um problema e uma dor; nas mãos de Deus é uma possibilidade e um poder. O "eu" em suas próprias mãos pode ser muito religioso — mas isso não faz diferença, é destrutivo, religiosamente destrutivo.

O princípio de perder a vida para reencontrá-la é visto nas três fases da existência: dependência — estágio da infância; independência — estágio da adolescência; interdependência — estágio maduro.

O estágio da infância é aquele em que a criança depende dos pais para tudo, para alimentação, vestuário, orientação, empatia e amor.

Depois vem o estágio da adolescência, a fase da independência. Os adolescentes querem tomar suas próprias decisões, ser pessoas com seus próprios direitos, ter espaço para desenvolver a própria personalidade. É uma fase difícil para os pais e para os adolescentes. Alguns pais querem tomar todas as decisões pelos adolescentes, e alguns adolescentes querem tomar todas as decisões sem levar em conta os pais. É um período de tensão, pois envolve um choque de egos. Alguém definiu a adolescência como "um período de insanidade temporária". Citei isso em uma reunião de mulheres, e uma delas me procurou no final e disse: "Essa sua fala foi o que mais me trouxe esperança, pois pensei que isso fosse durar para sempre". Eu não a culpei, pois havia tentado negociar com seu filho adolescente, e ele era o ser humano mais rabugento e intratável que já tinha visto. Mas, gostemos ou não, todos nós temos que passar por essa fase de conquista de nossa própria independência, alguns passam por isso de forma dolorosa e destrutiva, e alguns com mais ou menos naturalidade, dependendo do grau de egocentrismo.

Então chegamos ao terceiro estágio, o da interdependência, o estágio da maturidade. Depois que conquistamos a independência, descobrimos que não é o que dizem ser. Não somos independentes de fato. Nós nos casamos e, portanto, não somos independentes; temos filhos e ainda não somos independentes; como cidadãos de um estado, de uma nação, de um mundo, temos que nos relacionar

O "EU" EM SUAS PRÓPRIAS MÃOS É UM PROBLEMA E UMA DOR; NAS MÃOS DE DEUS É UMA POSSIBILIDADE E UM PODER.

com tudo isso; não somos independentes, mas temos de nos tornar interdependentes. No estágio de interdependência, tomamos soberanamente nossa independência e a entregamos a uma entidade superior: o indivíduo para a família; o cidadão, para o estado, para a nação, para o mundo e para o Reino de Deus. Em cada caso, renunciamos à soberania e encontramos uma comunhão mais elevada, na família, na nação, no mundo e no reino. À medida que fazemos isso, tornamo-nos maduros. À medida que recusamos essa rendição ao relacionamento superior, permanecemos imaturos. Tornamo-nos pessoas maduras pela rendição. Portanto, a rendição está escrita não apenas na Bíblia, mas na própria natureza de nossos relacionamentos e, portanto, é inevitável.

Se uma pessoa se recusa a fazer essa entrega da independência para se tornar interdependente, ela automaticamente permanece adolescente, recusa-se a amadurecer. Pode ter sessenta anos, mas ainda é um adolescente.

A psicologia, quando é verdadeira, confirma essa necessidade de rendição a algo superior a si mesmo se for para você encontrar o seu "eu". Os psicólogos dizem que todos os seres humanos têm três necessidades básicas: (1) a necessidade de pertencer; (2) a necessidade de ter significado; (3) a necessidade de segurança razoável. Sem esses três aspectos importantes da vida preenchidos, a personalidade é imatura e doentia.

A primeira necessidade é a de pertencer, mas pertencer a quê? Obviamente não é de pertencer a si mesmo, pois isso produziria uma personalidade atrofiada. O pertencimento consiste em pertencer a algo fora de si mesmo e a algo superior a você. Escutei dois oradores competentes em diferentes idiomas dizerem: "A primeira necessidade da personalidade humana é a liberdade pessoal". Questionei essa afirmação. A primeira necessidade não é a liberdade pessoal, mas a escravidão pessoal: onde devo dobrar meu joelho? A quem devo dar minha lealdade e com quem devo fazer aliança? Até que isso seja resolvido, nada está resolvido. Se você "pertence" a algo errado, toda sua vida seguirá esse padrão errado. Se fizer com que a "liberdade pessoal" seja sua principal preocupação, terá liberdade para ter corda para se enforcar sozinho e ser um problema para si mesmo e para os outros.

Se você se entregar a algo que não seja Deus, isso o decepcionará. Não importa quão boa seja a coisa a que você atribui sua lealdade final, se for sem Deus, ela o decepcionará. Em nossos encontros no Congo, Burleigh Law, um piloto missionário devotado e capaz, disse: "Eu costumava ter experiências com Deus, mas perdi essa comunhão. Minha esposa se tornou suprema em minha vida por ser tão forte e dominante, e por eu amá-la muito. Com o tempo, subordinei minha vida à dela. Ela se tornou um deus para mim. Mas agora eu me emancipei, entreguei-me a Deus. E por amar supremamente a Deus e meu amor por minha esposa ficar subordinado a essa minha entrega ao Senhor, amo-a muito mais e sem danos". Incidentalmente, quando os rebeldes comunistas tomaram a estação da Missão Wembo Nyama e mantiveram os missionários reféns, eles prometeram permitir que as mulheres e as crianças fossem transportadas de avião para um local seguro. Burleigh Law foi designado para retirá-las dali de avião. Se os missionários estivessem sentados na passarela, ele não deveria aterrissar, mas se estivessem em pé, ele poderia aterrissar. Eles estavam sentados. Porém ele não suportou não aterrissar por saber que mulheres e crianças aguardavam o avião. Mas ele aterrissou, e foi morto por um soldado rebelde. Uma esposa de missionário me disse: "Ele morreu por nós". Burleigh Law tinha liberdade para viver ou morrer. Ele pertencia a Cristo.

A sensação de não pertencer a nada real e eterno é a principal insegurança de nosso tempo. Descobriu-se que um homem depois de morto pertencia a 27 clubes. Ele acrescentou quantidade para compensar a falta de qualidade. Ele desejava tudo, e nada, nada real nem eterno.

O senso de não pertencer e, portanto, de não ter significado nem segurança, produz ruptura na vida interna e externa. Na Índia, em Mianmar, no Sri Lanka, o "elefante perigoso" fica "desamparado" quando é expulso da manada pelos machos mais jovens. Como ele não "pertence", ele se torna selvagem: destrói árvores, jardins, cabanas, aldeias, qualquer coisa em seu caminho. Noventa e cinco por cento da delinquência entre os jovens resulta de lares desfeitos. Esses jovens, não tendo segurança em casa e, portanto, nem em si mesmos, espalham insegurança para os outros ao seu redor — infelizmente se tornam destrutivos.

A entrega de si mesmo ao Altíssimo, a Deus, é uma necessidade psicológica, uma necessidade da vida, assim como uma necessidade religiosa e espiritual. Um psicólogo escreveu um panfleto intitulado "O valor terapêutico da rendição".

Enquanto estava em uma reunião, alguém citou Harry Denman: "O que está na sua retaguarda é maior do que o que está a sua frente". Olhei para o homem sentado à minha frente. Ele tinha um maço de cigarros aparecendo em seu bolso. Essa era sua retaguarda. Quando ele estava "deprimido", recorria ao cigarro como "estimulante", mas o efeito do estimulante passa. Então ele precisa cada vez mais alcançar o que está na retaguarda para encarar o que está adiante. De todos os apoios frágeis na vida, o cigarro é um dos mais frágeis. Um homem ameaçado por ataques cardíacos foi aconselhado pelo médico a parar de fumar e de jogar golfe. Ele exclamou: "Não posso mais fazer as duas coisas que mais gosto na vida, fumar e jogar golfe". Ele não "pertencia" a nada real nem eterno. Se ele pertencesse a Cristo, poderia ter encarado sem problema a perda do cigarro e do golfe em sua vida.

E O PECADO CENTRAL É O PECADO DE TENTAR FAZER DE SI MESMO UM DEUS [...] O PECADO DOS PECADOS É O EGOCENTRISMO. A RENDIÇÃO É A NECESSIDADE CENTRAL DA VIDA.

Um homem disse a um amigo meu: "O que eu preciso de Deus? Tenho três milhões de dólares no banco". Meu amigo respondeu: "É melhor você ler na Bíblia a parábola do tolo rico". "Isso não é pegar pesado demais?", respondeu o homem. "Não é mais pesado do que a vida", disse meu amigo. A isso, seguiu-se um longo silêncio.

O que a vida diz? Eis uma resposta: uma mulher me disse: "Não tenho que trabalhar, tenho dinheiro. Trabalho apenas para não cometer suicídio. Meu marido não precisa trabalhar. Ele tem dinheiro. Ele trabalha para fugir de si mesmo". Aqui eles tinham tudo e nada. Eles não "pertenciam". Por conseguinte, a vida não tinha significado nem segurança. Se você não se entregar a Deus, terá que se entregar ao vazio, ao desespero, a uma vida de infelicidade.

Em um luxuoso salão em Montevidéu, Uruguai, uma jovem veio até mim depois de um discurso: "Você está feliz com Cristo. Agora me diga como ser feliz sem Cristo". Tive de lhe dizer que não poderia ser feliz sem Cristo. Isso não é possível de forma alguma. Os pulmões podem ser felizes sem ar, o coração sem amor, os olhos sem luz ou a existência sem vida? Quando você se entrega a Deus, entrega-se àquilo para o qual você foi feito, entrega-se ao seu destino, realiza-se. Um cirurgião, ao se dirigir a uma igreja, disse: "Se você não se entregar a Deus, terá de se render aos meus cuidados como cirurgião". Ele poderia ter acrescentado "aos cuidados de um psiquiatra", "aos cuidados do médico da família" ou a todos os três! Pois você está escolhendo viver sua vida de uma forma contrária à vida. Carlyle disse certa vez: "O pecado é, foi e sempre será o pai da infortúnio". E o pecado central é o pecado de tentar fazer de si mesmo deus. Isso não pode ser feito. Portanto, o pecado não é apenas errado, é estúpido. É uma tentativa de viver a vida contra a vida. O pecado dos pecados é o egocentrismo. A rendição é a necessidade central da vida.

Perguntei a uma mulher que teve que recomeçar a vida depois de 29 anos de casada: "O que estava na base do seu divórcio?" Ela respondeu: "Álcool e mulheres. Ele disse que queria sua liberdade". Ele conseguiu a liberdade de ter bebida e mulheres, e agora está livre, livre para enfrentar a vida com câncer. Sua liberdade se transformou em cinzas. Se tivesse se rendido a Jesus Cristo, e não aos seus apetites e impulsos, conseguiria enfrentar a vida, mesmo com câncer, pois desse modo teria a vida real.

Alice Means, uma dedicada missionária na Índia, que estava enfrentando a morte por câncer, disse: "Eu não pertenço à morte, a morte me pertence. Eu pertenço a Cristo. Nunca fui tão feliz como estou agora". Ela havia preenchido a necessidade de pertencer; ela pertencia a Cristo. Ela não era um ser físico em decadência, mas uma filha de Deus. Sendo feita à semelhança do Filho de Deus, ela tinha "significado", intocada pela morte. Ela tinha "segurança razoável", pois pertencia a um "Reino inabalável", não à morte nem a qualquer outro acontecimento. Quando você "pertence" a Cristo, tudo lhe pertence.

CAPÍTULO CINCO

A RENDIÇÃO É SUBMISSÃO?

RENDIÇÃO, ENTREGA A DEUS, implicam consentimento ou controle? À primeira vista parece implicar consentimento. Você se entrega ao outro. Quando isso ocorre você se resigna ao que vier deixando esse "outro" fazer tudo por você?

Em um retiro anual de Ano-novo realizado em Washington, capital norte-americana, funcionários do governo e outros homens e mulheres proeminentes se reúnem para um dia a fim de conseguir recursos espirituais para ajudá-los a enfrentar o ano seguinte de forma adequada. Em uma dessas reuniões no Ano-novo falei sobre "rendição". Foi solicitado ao Secretário de Defesa que estava presente dizer algumas palavras no encerramento do evento. Ele comentou: "Gostei de tudo o que o palestrante disse, exceto o fato de insistir no uso da palavra 'rendição'. Receio não poder usar essa palavra porque venho de um lugar, o Pentágono, no qual essa palavra não seria muito popular". Respondi: "Se você se rende a Deus, não se rende a nada mais". Ele respondeu. "Então, tudo bem".

A rendição se é por consentimento ou se é por controle, depende do deus a quem você se rende. Jesus disse: "Meu Pai continua trabalhando até hoje, e eu também estou trabalhando" (João 5:17). Deus, Nosso Pai, é um Deus criativo. A ciência diz o mesmo: Deus, ou o que quer que ache que tenha dado origem ao universo, cria milhões de toneladas de matéria todos os dias em um universo em expansão. Se Deus ainda estiver criando o universo, então a primeira criação talvez não fosse uma criação concluída. Deus olhou para aquela primeira criação e viu que era boa. Era boa, mas não perfeita. Era boa para seu propósito, o propósito de formar criaturas que se tornariam criadoras junto com Ele. As criaturas ajudariam seu aperfeiçoamento no processo de aperfeiçoar o universo. Tinha de ser um universo de resistências — resistências que fariam com que nosso ambiente fosse polido quanto à forma e ao caráter.

A versão ARC diz: "Sabemos que todas as coisas contribuem para o bem daqueles que amam a Deus" (Romanos 8:28). Sabemos que todas as coisas, por si mesmas, não necessariamente cooperam para o bem. A NVI expressa desta maneira: "Sabemos que Deus age em todas as coisas para o bem daqueles que o amam". Deus de tudo tira algum bem, se cooperamos com Ele. Deus, com a nossa cooperação, pode resgatar de tudo o que é bom, mau ou indiferente, algum bem. Se essa é a posição cristã, então isso não é consentimento, mas controle.

Paulo expõe esse pensamento nestas palavras reveladoras e poderosas: "Para isso eu me esforço, lutando conforme a sua força, que atua poderosamente em mim" (Colossenses 1:29). "Eu me esforço" — o fazer humano; "lutando conforme a sua [de Cristo] força que atua poderosamente em mim" — a parte divina. O humano e o divino atuam juntos no "controle".

O cristão, ao se entregar ao Altíssimo no universo, Deus, e cooperar com Ele e suas leis, alinha-se com o poder, o amor e a sabedoria supremos e "controla" pela rendição e pela obediência — o mais sublime tipo de controle.

O cristão, ao se entregar ao Altíssimo no universo, Deus, e cooperar com Ele e suas leis, alinha-se com o poder, o amor e a sabedoria supremos e "controla" pela rendição e pela obediência — o mais sublime tipo de controle.

Paulo chama essa oferta de si mesmo de "sacrifício vivo", seu "culto racional". O homem chega ao seu mais alto nível de racionalidade quando tem senso suficiente para se render a Deus. É o momento mais saudável da vida de um homem quando ele faz isso. A partir desse momento a vida começa a fazer sentido.

Um jovem engenheiro brilhante da Índia me enviou uma carta enquanto eu escrevia este livro: "Ouvi uma nova mensagem de esperança na rendição no *ashram* em Sat Tal. Tudo se torna muito fácil depois da rendição. Acabo de me perguntar se a rendição não é a maneira mais fácil de superar os problemas e me aproximar mais de Deus. O que aprendi no *ashram* serve de base para coisas maiores que ainda construirei no meu futuro. Acho que há uma grande diferença entre viver com Deus ou viver sem Ele. Sua mensagem de que todas as calamidades e coisas ruins podem ser transformadas para o nosso bem é saudável e plausível. Estou bastante convencido de que, se trabalharmos nessa 'lei', a vida nunca terminará em fracasso. Essa é a chave para o sucesso, que pode abrir tesouros escondidos que não conheceríamos de outra forma. Estou indo bem em meu trabalho como chefe da seção de projetista de engrenagens. Espero algum dia me tornar um bom projetista. Percebo que não posso fazer isso sozinho, tem de haver um estimulador, o meu Deus!" Esse jovem descobriu a "lei", a lei da rendição produzindo uma pessoa íntegra e, portanto, um designer de engrenagens melhor. Ele descobriu como você pode se voltar para Deus por meio da rendição e da natureza para se tornar um projetista de equipamentos mais competente. Você está enredado em Deus e na natureza.

Tudo isso se encaixa com a declaração de Jesus: "Meu Pai é glorificado pelo fato de vocês darem muito fruto; e assim serão meus discípulos" (João 15:8). A glória do Pai está em quê? Tronos com arco-íris, anjos cantando e homens — é essa a sua glória? Não, a glória de Deus

A GLÓRIA DE DEUS ESTÁ EM PRODUZIR HOMENS QUE TRAGAM À LUZ FRUTOS EM ABUNDÂNCIA — SUA GLÓRIA ESTÁ EM PREPARAR CRIADORES. ISSO SIGNIFICA QUE DEUS ESTÁ INTERESSADO NO CONTROLE, E NÃO NA AQUIESCÊNCIA.

está em produzir homens que tragam à luz frutos em abundância — sua glória está em preparar criadores. Isso significa que Deus está interessado no controle, e não no consentimento.

Isto resume a atitude cristã: "Tudo posso naquele que me fortalece" (Filipenses 4:13). Nele, não em mim mesmo, ao me entregar e permanecer nele, sou fortalecido como pessoa. Todas as minhas aptidões são intensificadas, um extra é acrescentado a tudo. Como resultado, "tudo posso". Com o coração curado posso dizer à vida: "Venha vida, venham problemas, venha morte, 'tudo posso naquele que me fortalece'".

Portanto, a fé cristã não é um "não", mas um "sim". Este versículo resume seu caráter afirmativo: "O Filho de Deus, Jesus Cristo, [...] não foi 'sim' e 'não', mas nele sempre houve 'sim'; pois quantas forem as promessas feitas por Deus, tantas têm em Cristo o 'sim'". (2Coríntios 1:19-20).

Até a vinda de Jesus, as religiões eram uma negação, um não. A fé hebraica havia se tornado um conjunto de proibições; a Lei, buscada pelos fariseus, os separatistas, é um não. Os estoicos, ao excluir a tristeza, tiveram que excluir o amor e a compaixão — também é um não. O budismo, acreditando que o sofrimento e a existência são uma coisa só, teve que cortar a raiz do desejo até mesmo para a vida — outro não. O hinduísmo vedanta, ao querer passar do pessoal para o Brahma impessoal, é um não para a personalidade humana. Brahma é *neti* — nem isso nem aquilo. O mundo é *maya*, ilusão, mais um não. O materialismo moderno, ao afirmar que a vida é uma combustão de elementos químicos, como uma chama que se acende e depois se reduz a cinzas, é outro não. O hedonismo moderno se resume nas últimas palavras de um ator: "Feche a cortina, a pantomima acabou", um não. Bertrand Russell disse: "A desgraça cai sobre o homem, impiedosa e tenebrosamente". Um não.

Ele limpou a oração dos benefícios egoístas para o benefício da rendição. Ele limpou a vida de um pessimismo básico para um otimismo básico. Ele limpou a religião do consentimento e a transformou em controle.

†

No final do recital dos vereditos do não para a vida, o "sim" divino finalmente soou nele, pois Jesus é o "sim" que confirma todas as promessas de Deus. Ele não afirma verbalmente "sim" à vida como um filósofo o faz, Ele é o "sim". O sim é a sua própria pessoa.

E não é um sim fácil do tipo "Pollyanna contente".[1] É um "sim" com cicatrizes. É um "sim" conquistado na cruz. Jesus transformou a pior coisa que pode acontecer ao homem, uma cruz, na melhor coisa que pode suceder à humanidade: a redenção.

Quais são algumas das promessas de Deus que Jesus afirmou com o seu '"sim"? (1) A vida é boa, mas o mal a invadiu. (2) A bondade é natural, o mal não é natural. (3) O mal foi conquistado: "Eu venci o mundo" (João 16:33). (4) A vida pode ser redimida; um novo nascimento é possível. (5) A vida pode ser vivida "apesar de"; tudo pode ser usado para propósitos mais sublimes. (6) A vida pode ser reforçada e se tornar adequada, o Espírito Santo está disponível. (7) A vida pode ser transformada em uma forma superior "segundo a sua imagem" (2Coríntios 3:18). (8) A vida como um todo pode ser redimida. A oração "Venha o teu Reino" será cumprida (Mateus 6:10). (9) A morte não é um túmulo aberto, mas uma porta aberta para a vida eterna. (10) A vida em um nível inferior geralmente diz "não". A vida no nível de Jesus sempre diz "sim".

---

[1] Uma pessoa Pollyanna é alguém que possui uma visão extremamente otimista da vida, muitas vezes caracterizada por sua ingenuidade ou tendência a ver apenas o lado positivo das coisas, independentemente das circunstâncias. Essa expressão é derivada do livro *Pollyanna*, escrito por Eleanor H. Porter e publicado em 1913. A protagonista do livro, Pollyanna Whittier, é uma menina extremamente otimista que usa o "jogo do contente" para encontrar algo positivo em todas as situações, por mais desafiadoras que sejam. Assim, uma pessoa Pollyanna geralmente é alguém que adota uma atitude similar na vida real, sempre buscando o lado bom das coisas e esperando o melhor das pessoas e das situações.

Jesus purificou o nascimento e a morte por meio de uma manjedoura e uma cruz. Jesus disse: "Vocês já estão limpos, pela palavra que lhes tenho falado" (João 15:3). Ele limpou o universo de muitos deuses e deusas e permitiu nosso acesso ao único Deus santo, nosso Pai. Os deuses da adoração egoísta deram lugar ao Deus do sacrifício abnegado. Jesus limpou a família da poligamia para a lealdade mútua de um homem e uma mulher até que a morte os separe. Ele limpou a oração dos benefícios egoístas para o benefício da rendição. Ele limpou a grandeza de ter muitos servos para servir a muitos. Ele limpou a vida de um pessimismo básico para um otimismo básico. Ele limpou a religião do consentimento e a transformou em controle.

Jesus é a grande afirmação. Ele afirma a proposição mais radical já feita à mente do homem, a proposição de que a presente ordem mundial impraticável, baseada na ganância e na busca egoísta, seja substituída pela ordem de Deus, o Reino de Deus, baseado no serviço e amor altruístas.

CAPÍTULO SEIS

A RENDIÇÃO É VIÁVEL?

TENTAMOS RASTREAR O FATO de que a rendição é básica ao caráter de Deus, conforme visto na manifestação suprema de Deus, Jesus de Nazaré, e vimos isso na rendição, básica para o melhor procedimento e panorama psicológico. Mas será que é viável em nosso cotidiano neste mundo?

E quanto aos relacionamentos humanos, para se dar bem com as pessoas você precisa se afirmar em vez de se render? Se você assumir a atitude de rendição, não será o capacho de todos? O capacho de todos ou o templo de refúgio de todos?

Paulo nos apresenta este princípio: "Sujeitem-se uns aos outros, por temor a Cristo" (Efésios 5:21). Observe que ele não diz: "Entreguem-se uns aos outros". Você se entrega a Deus, e somente a Deus; ao homem, você está sujeito. Se você se entregar ao homem, essa rendição torna o homem o objetivo de sua lealdade. Esse tipo de lealdade só pode ser dedicado a Deus. Mas você pode, e muitas vezes deve, estar sujeito ao homem, mas a fidelidade suprema só é devida a Deus.

Esse versículo dá a chave de como você pode se sujeitar ao homem e ainda manter o respeito por si mesmo. A sujeição é "por temor a Cristo". Você se entrega a Cristo e agora pode se sujeitar ao homem

Se você assumir a atitude de rendição, não será o capacho de todos? O capacho de todos ou o templo de refúgio de todos?

por temor a Cristo. Você está sujeito ao homem por amor a Cristo. Isso preserva o respeito por si mesmo, pois ao sujeitar-se a outra pessoa você não o faz porque precisa, o que significaria uma relação de mestre-servo, mas porque escolhe fazer isso por amor a Jesus. Isso salva o relacionamento e preserva o respeito por si mesmo. A alternativa é a resistência e uma recusa em se sujeitar, o que significa luta, o que significa que o relacionamento se desfaz. Uma menina chamada Maria cuidava da cunhada após um grave acidente que a deixou acamada. Depois de atendê-la por meses, atendimento esse que envolvia muito esforço físico, o senso de dever estava escasso, e ela, enquanto carregava uma comadre, revoltou-se e disse: "Ó Jesus, estou farta disso". E Ele respondeu: "Maria, quero cuidar de sua cunhada, mas não tenho ninguém para fazer isso por mim, exceto você. Você não poderia fazer isso por ela, por minha causa?" "Claro que posso fazer isso pelo Senhor. Isso muda tudo". E assim ela fez. A sujeição era um sacramento, uma alegria. Seu senso de dever para com a cunhada se tornou uma experiência de serviço a Jesus. O dever penoso ganhou asas, ficou leve.

Mas há um relacionamento em que a sujeição é realmente uma entrega — o relacionamento entre marido e mulher. Durante uma viagem evangelística na China, um colega disse algo para mim que nunca esqueci: "Não pode haver amor entre marido e mulher, a menos que haja rendição mútua. O amor simplesmente não pode surgir sem a rendição de um ao outro. Se um dos dois retém o 'eu', o amor não pode existir". Ele estava profundamente certo.

Você não pode amar Cristo a menos que se renda a ele. Essa é a base de muitos que suspiram em nossas sessões da atividade "A manhã de abrir o coração" no *ashram*: "Quero amar Cristo e conhecê-lo melhor". A vida dessas pessoas ainda está nas próprias mãos, não está entregue a nada, exceto a si mesmas. Então eles se perguntam por que não amam ou não conhecem melhor Cristo. Você conhece aquilo que ama, e ama aquilo a que se entregou.

Se a rendição é necessária para o relacionamento de amor com Deus e com a família, é igualmente necessária para as reações corretas em todos os relacionamentos. Por que será que, embora com a melhor das intenções, muitos reagem mal à vida e às situações? Normalmente, a raiz das reações erradas é o "eu" não rendido. Em um dos nossos *ashrams*, um pastor e sua esposa estavam prestes a se separar; eles achavam a vida de casados insuportável. Contudo, no *ashram* eles se renderam a Deus, e cada um se livrou da barreira do "eu" não rendido, eles se uniram como dois ímãs. Eles relataram que voltaram do *ashram* "como se estivessem em lua de mel". As reações erradas em relação um ao outro eram resultado do fato de que nenhum deles havia rendido seu "eu". Agora eles são felizes um com o outro e eficazes no trabalho pastoral.

Muitos estão corretos em suas ações, mas errados nas reações. As ações geralmente são determinadas pela vontade, mas as reações vêm do subconsciente, e o subconsciente é onde fica à espreita o "eu" não rendido. Toque nele, e ele explode. Os modos de vida vêm do consciente, mas os humores da vida vêm do subconsciente. Portanto, a conversão das ações é importante, mas a conversão das reações é tão importante ou, de certa forma, mais importante do que as ações. Sem uma rendição completa, a conversão das reações é impossível, pois as respostas brotam do subconsciente, e o subconsciente é o local de residência dos impulsos humanos — ego, sexo e anseio pelo bando/grupo social. O centro desses três aspectos é o anseio e o impeto dominantes. Seja qual for o caminho que o anseio/ímpeto siga, os outros dois aspectos o seguem.

Você não pode converter o anseio ou ímpeto do "eu" pela repressão, pela disciplina, pela ação como se ele não existisse nem revestindo-o

Os modos de vida vêm do consciente, mas os humores da vida vêm do subconsciente.

com um manto generoso de princípios. O "eu" só pode ser convertido de uma forma — por sua rendição ao senhorio de Jesus Cristo.

Esta passagem deixa claro: "Comportemo-nos com decência, como quem age à luz do dia, não em orgias e bebedeiras, não em imoralidade sexual e depravação, não em desavença e inveja. Ao contrário, revistam-se do Senhor Jesus Cristo, e não fiquem premeditando como satisfazer os desejos da carne" (Romanos 13:13-14). Observe que "desavença e inveja" — pecados de disposição estão delimitados pelos pecados da carne — "orgias e bebedeiras, [...] imoralidade sexual e depravação". E o remédio para ambos é: "Revistam-se do Senhor Jesus Cristo, e não fiquem premeditando como satisfazer os desejos da carne". A "armadura" deve ser algo mais do que externo, deve ser algo profundo, que esteja tão profundo em seu íntimo que se os pensamentos sejam transformados — "não fiquem premeditando como satisfazer os desejos da carne". Uma entrega fundamental do "eu" a Jesus Cristo estabelece uma lealdade íntima a Ele que expulsa o próprio pensamento de satisfazer de forma inapropriada os apetites da carne. É o poder que o novo afeto tem de substituir o mais basal pelo mais sublime. Uma vez que Cristo Jesus possui o "eu" central, agora todos os anseios e impulsos estão sob novo domínio. Nossas reações vêm dessa lealdade central. Reagimos em seu Espírito, e não no espírito da velha suscetibilidade e ciúme. Nossas reações passam a ser permeadas por Cristo.

Jesus disse: "[...] como alguém pode entrar na casa do homem forte e levar dali seus bens, sem antes amarrá-lo? Só então poderá roubar a casa dele" (Mateus 12:29). O "homem forte" pode ser o "eu" não rendido. Você não pode entrar na casa e levar dali "seus bens", ou seja, os anseios e ímpetos pessoais, a menos que você amarre o homem forte, o "eu" não rendido. Quando esse homem forte é amarrado pela rendição e segurado pelas cordas de uma nova aliança e do amor, então os "bens" passam a ficar sob a mesma lealdade que o "eu".

Essa amarração do homem forte e o roubo dos bens podem ser vistos no caso dos discípulos antes da rendição e recebimento do Espírito Santo. O homem forte continuou aparecendo. Certa vez, nadei em um lago e, quando cheguei à outra margem e coloquei os pés no chão, muitas bolhas surgiram da matéria em decomposição no lodo. Podemos ver dez bolhas surgindo na superfície da vida dos discípulos com um "eu" não rendido: (1) egocentrismo: eles brigavam pelos primeiros lugares. (2) Justiça própria: "Ainda que todos te abandonem, eu nunca te abandonarei!" (Mateus 26:33); um relacionamento "eles [...] eu". (3) Ressentimentos: "Senhor, queres que façamos cair fogo do céu para destruí-los?" (Lucas 9:54). (4) Impotência espiritual: "Por que não conseguimos expulsá-lo?" (Mateus 17:19) (5) Atitudes críticas: "Por que este desperdício?" (Mateus 26:8) (6) Intolerância de grupo: "Vimos um homem expulsando demônios em teu nome e procuramos impedi-lo, porque ele não era um dos nossos" (Marcos 9:38). (7) Preconceito racial: "Manda-a [a mulher cananeia] embora, pois vem gritando atrás de nós" (Mateus 15:23). (8) Troca egoísta: "Nós deixamos tudo para seguir-te! Que será de nós?" (Mateus 9:27). (9) Uma aversão ao sacrifício de si mesmo: "Nunca, Senhor! Isso nunca te acontecerá" (Mateus 16:22). (10) Medo: "Os discípulos reunidos a portas trancadas, por medo dos judeus" (João 20:19).

Três anos em companhia de Jesus e o conhecimento de que ele ressuscitou dos mortos não prendeu esse "homem forte", o "eu" insubmisso. O conhecimento é bom, mas não é suficiente. Uma rendição completa e a vinda do Espírito Santo no íntimo dos apóstolos amarraram o homem forte. Eles não estavam mais como se estivessem sentados em cima de uma tampa de panela prendendo o homem forte que constantemente tentava sair dali. O Espírito Santo amarrou o homem forte de uma forma nova e eficaz. Ele pegou os três

VOCÊ NÃO PODE CONVERTER O ANSEIO OU ÍMPETO DO "EU" PELA REPRESSÃO, PELA DISCIPLINA, PELA AÇÃO COMO SE ELE NÃO EXISTISSE NEM REVESTINDO-O COM UM MANTO GENEROSO DE PRINCÍPIOS. O "EU" SÓ PODE SER CONVERTIDO DE UMA FORMA — POR SUA RENDIÇÃO AO SENHORIO DE JESUS CRISTO.

anseios basais do homem e os pôs para trabalhar para o Reino. Ele não os reprimiu. Ele os consagrou. O anseio do "eu" se expressa agora no serviço consagrado; o impulso sexual se torna um impulso criativo, e passa a criar em um novo nível, criando novos movimentos, novas esperanças, novas almas recém-nascidas; o anseio pelo agora está preso ao Reino de Deus com lealdade suprema, e agora eles se emanciparam do rebanho para que pudessem servir ao rebanho, e "o livrarei do seu próprio povo e dos gentios, aos quais eu o envio" (Atos 26:17).

Agora seus impulsos não estão mais em guerra com vocês, passaram da destruição para a construção. O sim divino finalmente soou. E o mundo o ouviu: "Esses homens [...] têm causado alvoroço por todo o mundo" (Atos 17:6).

Se você não toma a rendição como sua estratégia de vida, quais são as alternativas? Elas funcionarão?

Este ano ouvi dois vereditos sobre a vida. Um: "Apague suas velas, um raio atingiu o mundo"; o outro: "Apaguem suas velas, o sol nasceu". Um veredito conduz a um profundo pessimismo, o outro, a um grande otimismo. Qual é a verdade?

Um raio parece ter atingido o mundo e todos os nossos valores parecem devastados. O autor de *A terceira revolução* diz que o homem passou por quatro grandes humilhações: (1) O homem copernicano — a Terra não era mais o centro do universo com os céus girando em torno dela; é um pequeno planeta girando em torno de outro centro. Esse é um insulto cósmico. (2) O homem darwiniano nada mais é do que um desvio aleatório dos animais inferiores — o insulto biológico. (3) O homem marxista é determinado por fatores econômicos no meio ambiente — o insulto cultural. (4) O homem freudiano é determinado por impulsos inferiores na esfera do subconsciente — o insulto psicológico.

Cada um tende a minimizar a importância do homem. Um raio atingiu o mundo e reduziu o homem à insignificância, daí o pessimismo subjacente que permeia essa época.

No entanto, há outra declaração que começa da mesma forma, mas termina com uma perspectiva e um veredito totalmente diferentes: "Apaguem suas velas, o sol nasceu". Isso é tirado de um livro no qual o escritor chinês Lin Yutang conta sobre seu retorno ao cristianismo depois de renunciá-lo e vagar na esterilidade do secularismo. Ele termina um de seus capítulos com estas palavras triunfantes: "Apaguem as velas" (as meias-respostas obscuras) "O sol nasceu" (Jesus está vivo e disponível). As meias-respostas desaparecem à luz de seu semblante.

A resposta de Lin Yutang é a resposta ao pessimismo sobre o homem. A vida entregue a Deus ganha sentido, relevância, valor, objetivo. Como pode a pessoa entregue a Cristo menosprezar o homem por quem Cristo morreu? Como pode o homem rejeitar o que Cristo aceita? Como ele pode desprezar o que Deus ama? No momento em que você se rende a Cristo, todos os seus valores (atingidos pelo clarão da autossuficiência do homem moderno sem Deus) são restaurados com um extra. Pois Jesus Cristo não é um relâmpago, cegando você por um momento com sua luz, seguido pelo trovão da desgraça. Ele não é um relâmpago, mas luz, o sol completo, o sol que nunca se põe. "Quem me [Jesus] segue, nunca andará em trevas" (João 8:12). E além disso: "Creiam na luz enquanto vocês a têm, para que se tornem filhos da luz" (João 12:36). Você não apenas tem luz, mas à medida que confiamos, entregamo-nos à luz, tornamo-nos homens de luz, pensamos na luz, acreditamos na luz, agimos na luz e tornamo-nos homens de luz. O cristão rendido é luz em qualquer situação na qual se encontre. Enquanto ele pensa, age e é semelhante a Cristo, ele é sempre luz. Todo desvio do ponto focal que é Cristo é escuridão, sem exceções.

A VIDA ENTREGUE A DEUS GANHA SENTIDO, RELEVÂNCIA, VALOR, OBJETIVO. COMO PODE A PESSOA ENTREGUE A CRISTO MENOSPREZAR O HOMEM POR QUEM CRISTO MORREU?

Quando perguntamos: "A rendição é viável?", a resposta e que só ela é viável. Se você não se aliar a Deus pela rendição, acabará por se aliar ao pessimismo, à desesperança, ao negativismo, à futilidade, à frustração, ao cinismo e à autodestruição — a um Não!

No Novo Testamento (Marcos 5:1-16) encontramos o relato de um homem que morava "nos sepulcros" — ele se cercou de símbolos da morte, pois tinha a morte dentro de si. Ele "andava gritando e cortando-se com pedras entre os sepulcros e nas colinas", empenhado na autodestruição e, no entanto, quando "ele viu Jesus de longe, correu e prostrou-se diante dele, e gritou em alta voz: 'Que queres comigo, Jesus, Filho do Deus Altíssimo? Rogo-te por Deus que não me atormentes'". Ele estava acostumado com o "tormento", e qualquer invasão curativa de seu tormento era mais um tormento.

Por quê? "Jesus lhe perguntou: 'Qual é o seu nome?' 'Meu nome é Legião', respondeu ele, 'porque somos muitos'"

"Meu nome é Legião" — essa era a base de seu tormento. Ele não era uma pessoa, era muitas pessoas e muitas pessoas contraditórias, "uma guerra civil ambulante". E ainda era religioso: "Que queres comigo, Jesus, Filho do Deus Altíssimo? Rogo-te por Deus que não me atormentes". Ele, como muitos, tinha religião suficiente para torná-lo miserável, miserável o suficiente para estabelecer conflito em vez de harmonia. Se você não se rende a Cristo, você se entrega ao caos.

Um homem moderno perturbado disse: "Tenho muitas coisas *em duplicidade* na minha vida. Tenho duas casas, dois carros, duas mulheres — sou duas pessoas". "Toda cidade ou casa dividida contra si mesma não subsistirá" (Mateus 12:25). A divisão interior é a base da infortúnio moderno. Um homem debatendo consigo mesmo diz: "Eu sou um comitê", um "eu" que quer coisas contraditórias. Outro homem, cometendo um erro de digitação, diz: "Eu comuto comigo mesmo", quando na verdade ele queria dizer "Eu comungo comigo mesmo". Muitos comutam consigo mesmos, indo e vindo em direções contraditórias para fins contraditórios. Na sessão da atividade "A manhã de abrir o coração" foram ouvidas estas declarações: "Tenho dupla personalidade. Sou um hipócrita; "Sou um anjo na rua e um demônio em casa; "Fico muito constrangida, pois gosto muito de mim mesma. Estou vestida de diaconisa, portanto, as pessoas imaginam que penso em Deus, mas não é isso que acontece".

Seja o caso do homem morando nos sepulcros, seja do homem ou mulher no escritório em meio à respeitabilidade, o problema é o mesmo: um "eu" dividido. Não há saída para essa condição de divisão, exceto a rendição a Deus. Essa rendição leva a pessoa a encontrar a unidade de si, de seu propósito e de seu objetivo. Observe: "O povo correu para ver o que havia ocorrido. Uma multidão se juntou ao redor de Jesus, e eles viram o homem que havia sido liberto dos demônios. Estava sentado aos pés de Jesus, vestido e em perfeito juízo, e todos tiveram medo" (Lucas 8:35). Medo de quê? Da sanidade. Eles estavam tão acostumados com a insanidade que a sanidade parecia insana. Então eles ficaram com medo. Essa geração está tão acostumada com pessoas chateadas, frustradas, infelizes e divididas, que sente medo da sanidade da rendição a Deus. A rendição é o ato mais são que um homem já foi chamado a praticar. É sensatez, sim, bom senso.

O naufrágio de Paulo e seus companheiros é um retrato do homem moderno: "Quando amanheceu não reconheceram a terra, mas viram uma enseada com uma praia, para onde decidiram conduzir o navio, se fosse possível. Cortando as âncoras, deixaram-nas no mar, desatando ao mesmo tempo as cordas que prendiam os lemes. Então, alçando a vela da proa ao vento, dirigiram-se para a praia. Mas o navio encalhou num banco de areia, onde tocou o fundo. A proa encravou-se e ficou imóvel, e a popa foi quebrada pela violência das

A ENTREGA A JESUS CRISTO COMO PESSOA DÁ A VOCÊ ALGO FIXO E NÃO FIXO, ESTÁTICO E DINÂMICO. ELE ESTÁ FIXO NA HISTÓRIA, MAS É DINÂMICO E ESTÁ ALÉM DA HISTÓRIA. QUANDO VOCÊ PERTENCE A ELE, PERTENCE AO DESDOBRAMENTO.

ondas" (Atos 27:39-41). Eles se viram presos entre correntes cruzadas que é o dilema moderno, tanto no Oriente quanto no Ocidente. Na Índia, um hindu me disse: "Não sei a que século pertenço. Entro em minha casa e estou no século 16; saio e estou no século 20". O homem do Ocidente entra em sua igreja e encontra correntes indo para um lado, o caminho cristão; sai para o mundo e se depara com correntes indo no sentido contrário — ele é pego entre correntes cruzadas. Pior ainda, ele encontra essas correntes externas fluindo para dentro e através das igrejas. O resultado disso? Se a igreja não defender o verdadeiro evangelho, seus membros abraçarão qualquer coisa. O resultado é confusão. A situação do homem moderno é confusão. Nossos consultórios médicos e instituições mentais estão cheios de pessoas enfrentando confusões mentais, emocionais e espirituais. Elas sofrem da doença "de correntes cruzadas".

Ser pego em correntes cruzadas pode ser desastroso, mas os desenvolvimentos posteriores nesse naufrágio em particular podem ser ainda mais desastrosos: "Mas o navio encalhou num banco de areia, onde tocou o fundo. A proa encravou-se e ficou imóvel, e a popa foi quebrada pela violência das ondas" (Atos 27:41). Se o homem moderno é livre para manobrar em meio às correntes cruzadas, pode seguir seu caminho, mas se a proa de seu navio está presa em fórmulas fixas, dogmatismos fixos e rígidos, então o resto de sua vida está sendo despedaçado pelas ondas.

Se Jesus é o centro de sua fé e a rendição a Ele é o centro de sua lealdade, então você tem uma posição maleável. As correntes cruzadas podem atingi-lo e as ondas podem golpeá-lo, mas você não se despedaça. Todavia, se você afundar nas areias movediças das doutrinas fixas e dos dogmatismos, então será destruído.

A entrega a Jesus Cristo como pessoa dá a você algo fixo e não fixo, estático e dinâmico. Ele está fixo na história, mas é dinâmico e está além da história. Quando você pertence a Ele, pertence ao desdobramento. Quanto mais vê nele, mais você vê que há para ser visto. Você sabe que chegou e, no entanto, está sempre partindo. É tudo uma aventura em descoberta. Em cada esquina, uma surpresa. Ele nunca pode ficar maior ou se desgastar. Você pertence ao não deteriorável, ao eternamente puro.

Para resumir este capítulo: a rendição é viável? Eu daria uma resposta qualificada: nada mais é viável. Se você pertencer a algo menos do que Deus, isso inevitavelmente o decepcionará, sem exceção.

A rendição, em seu aspecto positivo, é a coisa mais emancipadora e universalizante que se possa imaginar. Você não precisa pertencer a esse ou àquele grupo; não precisa se alinhar com nenhuma sucessão apostólica; não precisa atingir um certo grau de bondade; não precisa ser educado, rico ou culto; não precisa ser jovem, velho, dessa ou daquela cor. Você tem de se dispor a dar a única coisa que possui, e somente isso. Não tem de acreditar nessa ou naquela doutrina. Você tem de ser dele. Tem de estar disposto a entregar *você* mesmo, a única coisa que possui — e tem de fazer só isso.

A rendição é viável, pois funciona à medida que se esforça para isso. Nada mais funciona.

SE VOCÊ SE RENDER A DEUS
NÃO SE RENDE A NADA MAIS.

CAPÍTULO SETE

A MANEIRA DA RENDIÇÃO

TUDO O QUE TEMOS DITO converge para uma pergunta: como? Um advogado, depois de uma reunião, veio até mim, agarrou minha mão com muita força, e disse: "Cara, como?"

O primeiro passo preliminar na rendição a Deus é ser humilde o suficiente para receber, ser receptivo. Não é por acaso que a primeira bem-aventurança é esta: "Bem-aventurados os pobres em espírito, pois deles é o Reino dos céus" (Mateus 5:3). Há quem acredite que o Sermão da Montanha é uma nova lei, uma exigência imposta à vontade, mais espiritual e mais interna, mas a mesma lei judaica: farás isto, não farás aquilo, uma exigência e não uma oferta. O Sermão da Montanha não é praticável, diz um professor de Teologia. Claro que não é, não, se for uma lei.

Mas esse primeiro versículo do Sermão da Montanha cancela aquela preocupação com "lei". É uma oferta, uma oferta para aqueles que são humildes o suficiente para recebê-la: o Reino dos Céus é deles. Todos os recursos do Reino estão ali para apoiá-los, à disposição deles se souberem como usá-los. Isso é graça, não lei. A graça é a nota na frase inicial do Sermão da Montanha e o torna não uma nova lei, mas uma nova oferta de graça. Tudo no restante do sermão é possível por meio da graça.

Esse primeiro versículo leva você de um grande movimento da vontade — "Vou tentar com mais afinco" — a uma entrega da vontade. O versículo poderia ser traduzido desta forma: "Quão abençoados são aqueles que se entregam e são receptivos, pois o Reino dos céus é deles". Assim, o primeiro passo na rendição é ver a porta aberta para tudo de Deus. Você não tem que ser digno nem merecedor, tem que estar disposto, disposto a entregar, não isso, aquilo ou aqueloutro, mas o essencial de você. Esse "você" abrange tudo o que você tem e tudo o que espera ter, é você em sua totalidade.

O segundo passo preliminar é lembrar no fundo do seu pensamento que você se entrega a um Deus que não apenas exige rendição, mas que se entregou, se entrega e sempre se entregará. A rendição é a característica divina básica. Na base desse ato está uma característica basal em Deus. Você responde à iniciativa dele de doação de si mesmo. Você não faz algo como um ato marginal no universo, faz a coisa central que este universo mantém e exige — rendição. É a lei central e a oferta no coração do universo e de Deus. Isso lhe dá confiança de que a soma total da realidade se encontra apoiando você. Você não está sendo nada fora do comum, está sendo natural, supernaturalmente natural. Rufus Moseley chama isso de "uma feliz rendição à iniciativa de Deus".

O terceiro passo preliminar é que, na rendição, você cumpre o próprio desígnio pelo qual Cristo morreu: "E ele morreu por todos para que aqueles que vivem já não vivam mais para si mesmos, mas para aquele que por eles morreu e ressuscitou" (2Coríntios 5:15). Esse versículo, raramente usado como o propósito de sua morte, revela o cerne desse intento: *deixar de viver para si mesmos*. O objetivo de sua morte foi salvar os homens de seus pecados? Sim. Do inferno? Isso mesmo. Mas principalmente para salvar os homens do egocentrismo, do pecado de se fazerem Deus, o cerne de todo pecado, e libertá-los para que "não vivam mais para si mesmos". Quando você se entrega a Deus, cumpre o propósito central da expiação.

Com o quarto passo preliminar, você pode encontrar a chave para sua rendição a Deus nos estágios pelos quais passa ao estabelecer um relacionamento humano íntimo com Ele. Em uma amizade humana estreita que resulta em um casamento real, existem esses cinco estágios efetivos:

1. O estágio de aproximação. Esse é o estágio do sim e do não. É o estágio experimental, exploratório. Você quer e não quer, sopra quente e frio. O "eu" tem medo de se comprometer e, no entanto, quer se empenhar. Ele está cansado desse autoisolamento e, no entanto, hesita em se entregar, com medo da mudança.
2. Então vem o estágio de decisão mental. A cabeça está feita. A mente não mais debate, ela decide. Pode haver questões marginais, mas o centro cedeu, deu preferência à decisão. O debate se torna uma voz: eu vou pertencer a essa outra pessoa. Mentalmente, você está em marcha, a marcha do velho para o novo.
3. Agora estamos prontos para o estágio de passar da decisão para a ação, para fazer isso. Você, de fato, abre mão interiormente, pertence a essa pessoa. Nada é pesado nem medido, nada que o olho possa ver, mas no fundo você já pertence a essa pessoa. A tensão se transformou em confiança, e a confiança se transformou em entrega. Você se entrega a essa outra pessoa, para afundar ou nadar, para a vida ou para a morte, para sobreviver ou perecer. Está feito.
4. Então você passa para o estágio de unidade interior. Tendo dado a essa outra pessoa a coisa mais preciosa que você tem — a si

mesmo —, agora você está livre para tirar do outro a coisa mais preciosa que ele tem — o "eu". Ocorre uma aceitação mútua dos 'eus'. Você pertence, incondicionalmente. Agora o amor brota e se torna a atmosfera, o clima, a motivação do relacionamento. O amor guia as ações, o planejamento, o direcionamento de duas vidas juntas. Esse relacionamento amoroso continua enquanto houver rendição na base do relacionamento. Se qualquer um esconde o "eu", então o amor se recusa a brotar, ou se brota, enfraquece ou morre.

5. O estágio que se segue é um ajuste mútuo contínuo de mente a mente, de vontade a vontade, de ser a ser por rendição mútua, contínua. A grande rendição é feita quando você é casado interna e externamente. Isso não precisa ser feito repetidas vezes. Em um casamento real é de uma vez por todas.

Um casal me disse há alguns dias que comemorava seu vigésimo quinto aniversário de casamento e estava prestes a repetir os votos de casamento. Veja, "repetir os votos de casamento" como uma renovação do compromisso, mas não como um novo casamento. Então perguntei ao grupo: "Suponha que você fosse até sua esposa e dissesse: 'Querida, vamos nos casar de novo'?. O que ela diria?" Um missionário relatou: "Minha esposa não diria nada. Ela sairia e choraria".

Mas, embora ocorra uma entrega de uma vez por todas no casamento, também existe uma entrega contínua. Apesar de um grande sim em um casamento real, há muitos pequenos "sins" sob o grande sim. Diariamente surgem coisas que precisam ser ajustadas, entregues, conformadas ao grande ajuste. Portanto, há uma entrega de uma vez por todas e uma entrega contínua, dia após dia. A rendição é um princípio contínuo, bem como uma prática de uma vez por

Esse relacionamento amoroso continua enquanto houver rendição na base do relacionamento. Se qualquer um esconde o "eu", então o amor se recusa a brotar, ou se brota, enfraquece ou morre.

todas. É um modo de vida, um modo de vida muito importante. A rendição nas coisas cotidianas é uma catarse. Ser capaz de dizer cotidianamente "sinto muito, eu estava errado" é uma atitude de limpeza da mente.

Temos agora diante de nós os vários estágios pelos quais passamos ao estabelecer um relacionamento humano caloroso e viável na amizade ou no casamento. Será diferente no estabelecimento de nosso relacionamento com Cristo? Digo com Cristo em vez de com Deus, pois muitos têm problemas com Deus. Na Suécia, uma professora, depois de fazer uma análise muito cuidadosa de si mesma, disse: "Tenho medo de Deus. Não posso me render a Ele". Respondi com uma pergunta: "Suponha que você pense em Deus tendo Cristo como parâmetro. Suponha que Deus seja um Deus semelhante a Cristo. Você poderia amá-lo?" Ela pensou que poderia. Ela se rendeu a esse Deus semelhante a Cristo e se tornou uma nova pessoa radiante.

Agora passamos por esses estágios consecutivos em nossa rendição a Jesus Cristo. Primeiro *você se aproxima — estágio exploratório e experimental*. É um grande feito entregar a outro a única coisa que você possui, seu "eu". Você quer e não quer entregar o "eu". Você tem medo de que seja um salto no escuro, e se der esse salto para valer e cair em um abismo de dúvida e de medo? Então você hesita. Não tenha medo dessa situação angustiante. Deus tem de incomodá-lo em certo grau a fim de colocá-lo em um patamar superior. Essa é uma angústia construtiva.

Bem, agora você chega ao segundo estágio, *o estágio da decisão de pertencer a ele*. Você pesa as alternativas: posso pertencer a mim mesmo ou posso pertencer a ele. Se pertenço apenas a mim mesmo, faço-me Deus. Mas eu não sou Deus — Deus é Deus. Estou pronto para pertencer a Ele. Esse é o meu destino. Cumprirei esse destino. Quero pertencer a Ele. E pertencerei a Ele.

Agora você está preparado para o terceiro estágio: uma vez *que eu tomei a decisão de pertencer a Ele, implementarei essa decisão colocando minha vontade apoiando essa escolha da minha mente*. Na verdade, pertenço a Ele a partir desse momento. E agirei como se pertencesse a Ele. Como a mente e a vontade estão de acordo sobre isso, as emoções, mais cedo ou mais tarde, cederão a essa nova realidade. Mesmo sem a entrega das emoções, você pertence a Ele. Portanto, comece a agir "como se" pertencesse a Ele, e agradeça a Ele pela fé que lhe concedeu. Primeiro a fé, depois o fato, a seguir, o sentimento.

O quarto estágio é o resultado do último: *tendo se entregado a Ele, você agora tem a ousadia de pertencer a si mesmo — o seu tudo pelo tudo dele*. Ele, sendo amor, o aceitará como você é. Ele não exigirá condições, colocando-o no canto até que você seja digno de ser recebido. Ele o aceitará como você é e começará a fazer de você o que nasceu para ser. Vocês agora são um. Tudo o que Ele tem é seu. Você, por meio da identificação com Jesus, agora começa a aprender a receber dele. Você agora é forte na força divina, puro na pureza divina, amoroso no amor divino, vitorioso na vitória divina: "Neste mundo vocês terão aflições; contudo, tenham ânimo! Eu venci o mundo" (João 16:33). Não vai vencer, mas já venceu. Então você consegue vencer na vitória divina. Você não vive mais no princípio da unidade, mas no plano cooperativo. Você fornece disposição e Ele fornece o poder. "Em torno de nossa incompletude flui sua completude. Em torno de nossa inquietação, seu descanso" (poema de Elizabeth e Robert Browning). Agora você vive pela graça. Essa sensação de orfandade se foi. Você agora é aceito e pertence. Não pertence a esta ou àquela coisa ou pessoa marginal, mas pertence ao próprio centro, pertence a Ele. Agora nada mais importa. É isso!

Embora tudo pareça resolvido e você tenha chegado ao ponto de rendição, isso é apenas um começo, pois esse é o *caminho* e não a meta. Agora você entra no quinto estágio: *o estágio do ajuste mútuo e contínuo, o estágio do crescimento*. Você disse "tudo" para Ele, e Ele disse "tudo" para você. Mas há muitos pequenos "tudos" sob o grande "tudo". Eles surgirão dia após dia e pequenas entregas terão de ser realizadas, a respeito de coisas e questões que você não percebeu que estariam envolvidas. Portanto, a rendição é de uma vez por todas, mas também é uma rendição que tem um desdobrar contínuo. Como você deu tudo o que sabe e tudo o que não sabe, os "não sabe" devem ser tratados conforme surgem. Como? Por uma entrega contínua. Você não luta nem suprime o problema. Você entrega a Ele e diz: "Eu sou seu e isso me diz respeito, então isso também é seu. Eu lhe entrego essa questão. Diga-me o que fazer a respeito". Isso evita que problemas e questões se acumulem e o deixem tenso e sobrecarregado. É uma catarse contínua. Você é salvo da tensão que vem de suprimir as coisas e conduzi-las para a esfera subconsciente na qual elas apodrecem, e também de fugir dos problemas, e quando fazemos isso, esses problemas começam a nos importunar na fronteira da consciência. Você cumpre aquele versículo: "Se, porém, andarmos na luz, como ele está na luz, temos comunhão uns com os outros, e o sangue de Jesus, seu Filho, nos purifica de todo pecado" (1João 1:7). Ao andar na luz, sem reter nada, você tem uma comunhão contínua com Cristo e uma purificação contínua de seus problemas e pecados. Essa é uma forma de vida.

Essa entrega contínua diária, e de hora em hora, salva-o do divã do psiquiatra, no qual você desabafa durante meses e anos torturantes de problemas acumulados, ressentimentos, medos, preocupações consigo mesmo e culpas enterradas no subconsciente.

Esse processo de entrega também toma o lugar do confessionário, no qual semanalmente você desabafa e obtém uma absolvição duvidosa por penitências. No caso do psiquiatra e do sacerdote essa

Portanto, a rendição é de uma vez por todas, mas também é uma rendição que tem um desdobrar contínuo. Como você deu tudo o que sabe e tudo o que não sabe, os "não sabe" devem ser tratados conforme surgem.

solução é de segunda mão, no caso da entrega é de primeira mão. Você também está emancipado dos tranquilizantes e sedativos, pois fica tranquilo em meio à rendição e, por isso, dorme sem remédios. Você é livre — nele! Você está em contato ininterrupto com seu Redentor.

Antes de deixar o "como?", devemos enfrentar um obstáculo que às vezes nos impede da rendição total. Em primeiro lugar, "estou disposto a entregar algumas coisas, mas não estou disposto a entregar a mim mesmo". Use esta oração, se ela realmente expressar sua condição: "Senhor, estou disposto a estar disposto". A seguir, entregue sua hesitação.

Em segundo lugar, "estou disposto neste momento, mas serei capaz de viver isso?" Isso, no momento, parece impossível por causa de seus recursos atuais e suas experiências passadas. No entanto, você, com uma rendição completa, já não tem que se fundamentar nos antigos recursos autocentrados e autoconfiantes; você agora é um novo ser, com novos recursos, nova direção, nova atitude, nova fé, não em você, mas nele, tudo é novo em você. Aja como se aquele "tudo novo" iniciasse agora. Aquele que começou uma boa obra em você vai completá-la. Você não precisa viver uma vida inteira agora. Viva dia a dia, momento a momento. O futuro cuidará de si mesmo. E esse futuro é tão brilhante como as promessas de Deus.

CAPÍTULO OITO

"ÚNICO REMÉDIO?"

NA INTRODUÇÃO, citei uma mulher que veio a mim por ocasião de uma reunião, e disse: "Descobri; só tenho um remédio: rendição". Neste capítulo, pego esse comentário da introdução e discuto se a rendição é o "único remédio".

Ontem à noite recebi um telefonema de uma mulher perturbada. Ela e o marido estiveram na minha reunião. Seu marido havia pedido ao filho de 18 anos para acompanhá-los. O filho disse que tinha que estudar e, além disso, não queria ir. O filho era teimoso e cheio de ódio. Quando voltaram da reunião, o pai ficou furioso com o filho por não ter ido e ordenou que ele saísse de casa. Enquanto a mãe me telefonava, o filho estava parado na esquina e o pai em casa, ambos zangados e inflexíveis. Qual era o problema ali? O "eu" não rendido de ambos os lados. Nada resolveria essa situação a menos que um ou ambos dissessem: "Sinto muito". Em outras palavras, rendição.

Em um aeroporto na Índia, nosso voo estava atrasado. Um piloto havia sido rude com um dos atendentes do aeroporto. A equipe de terra, solidária com o atendente, recusou-se a servir a aeronave. Assim, os passageiros, com seus compromissos e conexões em risco, ficaram indefesos no interior do avião, enquanto os representantes da empresa negociavam. Uma coisa, e apenas uma coisa, poderia desenlaçar aquela controvérsia, as palavras "Sinto muito". Isso aconteceu e o tráfego aéreo voltou a fluir.

Uma greve de jornais durou um ano e meio na Índia. Um subordinado foi rude com um superior. Ele foi demitido. Os demais funcionários entraram em greve até que ele fosse reintegrado. Um funcionário cristão do governo sugeriu: "Que o homem demitido que foi rude reconheça seu erro e peça perdão. Que o superior o perdoe e o reintegre". Isso foi feito e a greve acabou. Os jornais estamparam a manchete: "Uma nova maneira de resolver uma greve". "Uma nova maneira?" Não fazia sentido. Era a única saída daquele impasse: rendição de ambos os lados.

Em nosso relacionamento com Deus, com nós mesmos e uns com os outros, a chave para todo impasse é a rendição. E onde entra o cultivo do "eu"? Ele vem depois da rendição. Na verdade, não é possível cultivar um "eu" não rendido. Esse "eu" está no centro errado, e você não pode disciplinar nem cultivar um "eu" que está descentralizado. O centro deve ser mudado para Cristo pela rendição. Agora centrado em Cristo, você pode disciplinar e cultivar esse novo "eu" em um novo centro, com uma nova base. Agora o crescimento infinito é possível. Sem nada entre você e esse Cristo Redentor, você se expõe diariamente, a cada hora, a cada momento, ao seu estímulo redentor. Essa exposição é física, mental e espiritual. Todo o seu ser está exposto ao sim divino. Um extra é adicionado a tudo que você pensa, diz e é. Você coopera com o Amor criativo, tornando-se criativo.

Encontramos essa exposição a esse Amor cooperativo durante o tempo de oração, de preferência pela manhã, nos momentos puros e vigorosos do período matutino, quando a alma se encontra em seu melhor, isso deve ser feito diariamente e nossa obediência deve ser

Essa rendição a Cristo é a cura soberana para a solidão. Como você pode estar solitário quando não está sozinho? [...] Contudo, não conheço a solidão.

em todos os momentos; e tudo que descobrimos nesses momentos de oração compartilhamos com os outros. Essa rendição a Cristo é a cura soberana para a solidão. Como você pode estar solitário quando não está sozinho? As pessoas me perguntam onde resido? E respondo-lhes: "Onde quer que minha mala esteja". Por cinquenta anos, minha casa esteve na minha mala. Sinto empatia pelo homem que colou um adesivo no lado interno da tampa da mala: "Deus abençoe nosso lar". Contudo, não conheço a solidão. Não consigo me lembrar quando tive uma hora triste ou de desânimo durante quarenta anos. Jesus esteve aqui, ali e em todos os lugares. Portanto, nunca houve um momento monótono e solitário.

Sem rendição pessoal não há cura para a solidão basal. Televisão, livros, concertos, multidões, entretenimentos podem distraí-lo momentaneamente, mas quando se afasta disso tudo, a solidão basal se instala novamente. O contato com Jesus faz você se sentir em casa em qualquer lugar do mundo. Você nunca é um estranho, e nenhuma terra é estranha. Você está em casa. Jesus é nosso lar.

A rendição não apenas elimina a solidão, mas também o medo da morte. Tira o medo da morte porque você já morreu. Você morreu para você como o centro de sua vida. Seu "eu" foi crucificado com Cristo (Gálatas 2:20). Só quem já morreu não tem medo da morte. Como alguém disse: "No que diz respeito aos rendidos, o coveiro vem, mas vai embora de mãos vazias". Mas agora que estou crucificado com Cristo, não é a crucificação comum, há uma ressurreição na crucificação de Jesus e agora há uma ressurreição em minha crucificação quando me entrego a Cristo — não obstante, sinto-me vivo — e como! Estou vivo da ponta dos pés até o último fio de cabelo. "Assim, já não sou eu quem vive, mas Cristo vive em mim. A vida que agora vivo no corpo, vivo-a pela fé no Filho de Deus, que me amou e se entregou por mim" (Gálatas 2:20). Essa frase de Paulo expressa nosso glorioso entrelaçamento com Cristo. Você não pode dizer onde Cristo termina e você começa. A morte é engolida na vitória. Você clama: "Se isso é a morte, então abençoada seja a morte, por ela ser Vida". Uma pessoa radiante à beira da morte me disse: "Contaram-me que isso é morte; não é morte, é Vida". Ela acolheu a morte. "Onde está, ó morte, a sua vitória?" (1Coríntios 15:55). Se você pertence a Cristo, a morte lhe pertence. George MacLeod diz que "o único homem que não pode ser quebrado é aquele que já está quebrado" — quebrado por seu próprio consentimento.

Outro efeito colateral da rendição é a possibilidade e a ajuda que ela oferece para renunciar aos fardos que surgem diariamente. Quando você ainda é movido pelo "eu" em seus fardos diários, fardos esses produzidos pelo "eu" não rendido, você se apega a esse "eu" não rendido, e faz com que os fardos sejam duplamente mais pesados. Mas uma vez que o "eu" é rendido, muitos fardos produzidos pelo "eu" não rendido deixam de existir automaticamente.

Muitos fardos vêm de nosso ambiente, quer o "eu" seja rendido quer não. O princípio e a prática da rendição ajudam na prática da entrega do fardo. Depois da entrega suprema do "eu", é comparativamente fácil entregar os fardos à medida que eles surgem. Meu versículo-chave em relação aos fardos é este: "E o governo está sobre os seus ombros" (Isaías 9:6). Os ombros de Jesus, não os meus. Jesus, por ser o dono de tudo, agora é o governador e assume os fardos diários do governo. Não que eu vá lavar minhas mãos e deixar que Jesus tome todas as decisões e as execute — isso produziria irresponsabilidade em mim —, mas quando entrego o fardo a Ele, peço-lhe: "Agora me mostre o que o Senhor quer que eu faça a respeito disso". Isso faz com que seja uma responsabilidade conjunta, mas o *fardo* está sobre Ele, estou relaxado, responsivo e cooperativo.

Uma mulher veio ao nosso *ashram* e na sessão da atividade A manhã de abrir o coração", na qual contamos nossas necessidades,

Outro efeito colateral da rendição é a possibilidade e a ajuda que ela oferece para renunciar aos fardos que surgem diariamente.

ela disse: "Vim aqui para saber como administrar minha família". Observe que ela usou o termo "administrar". No fundo, ela queria mandar na família. Quando ela entregou seu ego autoritário a Cristo, um grande fardo foi retirado. Ela não tinha mais o trabalho penoso de gerenciar sua família. Tudo o que ela precisava fazer era amá-los, e a administração cuidava de si mesma em grande medida, pois "[O amor] tudo sofre, tudo crê, tudo espera, tudo suporta" (1Coríntios 13:7).

Um jovem veio ao nosso *ashram* e, na mesma atividade citada há pouco disse: "Eu renuncio ao cargo de gerente-geral do universo". A rendição do "eu" fez com que ele assumisse seu tamanho real e sua tarefa real — algo que Deus e ele devem administrar juntos.

Perguntei a um indiano cristão leigo que trabalhava na repartição de impostos: "Qual é a sua maior dor de cabeça?", pensando que ele teria muitas dores de cabeça em seu trabalho. Ele ficou surpreso com a pergunta, e respondeu: "Sou cristão, não tenho dores de cabeça". O governo estava sobre os ombros de Cristo.

Por outro lado, um homem sobrecarregado me disse: "Tenho duas úlceras e tenho um trabalho com potencial de produzir quatro úlceras". O governo não estava sobre os ombros de Jesus. Enquanto escrevo isso em um avião com destino à Atlanta, Geórgia, lembro-me do que um médico me disse: "Setenta e cinco por cento dos chefes de departamento na grande corporação que sirvo têm úlceras estomacais. Não sei o que fazer por eles. Fui treinado para tratar o físico das pessoas com doenças físicas, mas esses homens estão sofrendo de doenças físicas enraizadas no espiritual. Não sei como lidar com isso". Tanto o médico quanto os pacientes precisavam se entregar a Deus.

A esposa de um fazendeiro, radiante pela rendição, agarrou a lapela do casaco de um grande industrial em sua casa e disse: "Bill B., o que você precisa fazer é se render a Jesus Cristo". Bill B. mal percebeu o que estava acontecendo com ele, mas logo estava de joelhos se entregando a Cristo. Ele levantou diferente, transformado. Ele ditou para a secretária uma carta para a esposa do fazendeiro e para mim, contando o que havia acontecido com ele; voltou-se para sua secretária no final do ditado, e disse: "Agora você me conhece". Ela, com mansidão e ponderação, disse: "Sr. B., o senhor tem o que todos nós precisamos". Ele convocou toda a fábrica e contou o que havia acontecido, e disse aos seus funcionários: "Se você ficar para baixo e desanimado, vá para a sala de oração, no horário de expediente, e entregue a si mesmo e a suas preocupações e tensões". Resumindo o que havia acontecido, ele disse: "Durante toda minha vida dei meu dinheiro a Deus, mas jamais me entreguei a Ele". Quando ele terminou a aula na Escola Dominical para jovens, uma jovem lhe disse: "Sr. B., você não tirou isso de um livro". Não tirou mesmo, esse grande industrial e aquele cirurgião conseguiram se entregar a Cristo.

Portanto, a resposta é a rendição, de uma vez por todas, com a entrega diária do "eu" e dos problemas, junto à obediência contínua nas grandes e nas pequenas coisas.

Um empresário, sem preâmbulo, iniciou uma conversa comigo: "Estou tentando viver a vida cristã, mas estou tendo dificuldades". Quando lhe perguntei qual achava que era o problema, ele respondeu: "Bem, vinte vezes por dia esse meu 'eu' me diz: 'Vou abrir mão disso e daquilo, mas, por favor, deixe-me continuar a ser o centro'". Eu respondi: "Você colocou o dedo no problema: a rendição". Quando terminamos a conversa, suas tensões tinham acabado, pois Cristo, e não o "eu", estava no centro de sua vida.

Anos depois, encontrei-o novamente. "Você me conhece?", perguntou. Tenho dificuldade com a verdade nesse ponto. Então respondi: "Sim e não". Ele me lembrou do nosso último encontro. Exclamei: "Você não é aquele homem". "Sou sim". "Mas você está diferente".

"Claro que estou diferente". E ele estava muitíssimo diferente. Sua esposa veio e disse: "Obrigado por me devolver meu marido". Minha resposta foi: "Não o devolvi a você. Ele se entregou a Cristo, e Cristo o devolveu a si mesmo, a você e a toda a vida". Seus momentos difíceis se transformaram em um paraíso. O inferno se tornou céu com a rendição. No momento em que ele passou a pertencer a Cristo, a vida passou a lhe pertencer. Sua vida como um todo começou a fazer sentido — total sentido e relevância.

Se isso pode acontecer entre os leigos, pode ocorrer, e de fato acontece, entre o clero, pois muitos clérigos desistem de tudo para ocupar essa posição, de tudo menos deixar de ser um clérigo. Jesus disse: "Se alguém vier a mim e não aborrecer a seu pai, e mãe, e mulher, e filhos, e irmãos, e irmãs, e ainda também a sua própria vida, não pode ser meu discípulo" (Lucas 14:26, ARC). Por que Jesus menciona por último: "e ainda também a sua própria vida"? Porque essa é a última coisa da qual abrimos mão. No entanto, enquanto não abrimos mão do "eu", estamos apenas brincando de ser cristão. A vida cristã simplesmente não pode ser vivida a menos que nos rendamos a Jesus. Um pastor voltou para casa com sua esposa depois de fazer o que considerava um grande sermão. Ele se virou para ela e disse: "Querida, quantos grandes homens existem no mundo?" A esposa respondeu calmamente: "Querido, um a menos do que você pensa".

Essa intrusão do "eu" na vida da igreja aparece de várias maneiras, algumas delas muito óbvias. Duas irmãs queriam construir uma igreja, mas não concordavam quanto à torre do edifício, cada uma queria um tipo de torre. Nenhuma das duas cedia uma polegada. Assim, a comissão decidiu erguer um pináculo em uma extremidade e uma torre na outra, monumentos aos 'eus' não rendidos. Uma mulher prometeu dar um vitral em uma nova igreja com a condição de que fosse uma foto dela mesma. Alguém olhando para os santos em vitrais definiu um

A VIDA CRISTÃ SIMPLESMENTE NÃO PODE SER VIVIDA A MENOS QUE NOS RENDAMOS A JESUS.

santo como "aquele que deixa a luz passar". Mas quando a luz entrava por esse vitral, não revelava um santo, mas um "eu" egoísta. Muitas inscrições sob doações dizem: "Para a glória de Deus e em memória de...". A glória não era só para Deus.

Planejava-se fazer uma reforma em uma igreja que envolvia a mudança do piano para outro local. A pianista objetou: "Toco esse piano naquele lugar há vinte anos e não o tocarei em nenhum outro lugar". O pastor respondeu calmamente: "Sua renúncia foi aceita". Ela viveu com um "eu" rancoroso e ressentido o restante de seus dias. "Eis que a casa de vocês ficará deserta", disse Jesus a uma nação (Mateus 23:38). A casa vazia, vazia de tudo, menos de si mesma, era a recompensa, a punição. "Pai, quero a minha parte" (Lucas 15:11) foi o primeiro passo para a queda do filho pródigo. O país distante com a fome e miséria que passou ali foi o produto final. "O que me darão?" (Mateus 26:15) foi o primeiro passo para a queda de Judas. O suicídio do "eu" com o qual ele não conseguiu viver foi o produto final.

Muitos, embora não cheguem a um fim trágico e dramático, passam a vida com um "eu" não rendido e que causa problemas, estragando a própria felicidade e a felicidade das pessoas ao seu redor, até que algo os abale e percebam a necessidade de rendição.

Às vezes, procuramos evidências de rendição, como uma emoção positiva, por exemplo, de alegria, em vez de centrar a rendição em um ato da vontade, deixando as emoções cuidarem de si mesmas. Como já disse, a ordem é: primeiro a fé, então o fato, depois o sentimento. Você se entrega pela fé e acredita que ele aceita sua oferta, com ou sem sentimento. Você começa a agir como se a fé se transformasse em fato, e o fato em sentimento.

Não dizemos que a rendição resolve todos os nossos problemas. Isso depende do seguimento e da concretização das suas implicações. Mas o que ela faz é estabelecer relacionamentos corretos entre você e

Se você não se entrega a Deus, não tenha a ilusão de que não se entrega à coisa nenhuma. Todo mundo se entrega a algo.

Deus, você e você mesmo, e entre você e os outros. Fornece-lhe uma estrutura e uma atitude em que seus problemas podem ser resolvidos. Ela coloca os pés no caminho, o caminho geral e o caminho particular para resolver todos os seus problemas, pois o problema central já foi resolvido, o "eu" está em seu lugar, não está mais no centro tentando ser Deus — um "eu" rendido, e subordinado e alinhado ao Altíssimo.

Se você não se entrega a Deus, não tenha a ilusão de que não se entrega à coisa nenhuma. Todo mundo se entrega a algo. Alguns se entregam a si mesmos como deus. Se você se entregar a si mesmo como deus, não gostará do seu deus. Você fará o que quiser e depois não gostará do que fez. Você se expressará e não gostará do "eu" que expressa. Não vai gostar de si mesmo e ninguém mais vai gostar de você. "Há um milhão de chances de que os egocêntricos sejam impopulares", disse um psiquiatra.

Se você não se render a si mesmo como deus, provavelmente se renderá a outra pessoa como deus. E se o fizer, provavelmente ficará desiludido. Todo ídolo humano tem pés de barro. Quando o povo de Tiro e Sidom escutou o discurso de Herodes, gritou: "'É voz de deus, e não de homem'. Visto que Herodes não glorificou a Deus, imediatamente um anjo do Senhor o feriu; e ele morreu comido por vermes" (Atos 12:22,23) — um deus devorado por vermes. Cada pessoa a quem você se entrega como deus tornar-se-á um deus comido por vermes.

A "Mãe" francesa, sucessora do filósofo indiano Aurobindo Ghosh, disse a alguém ao telefone: "Renda-se a mim". Ela também era um deus comido por vermes, devorada pelos vermes da pretensão e da fraude de querer ser deus.

Se você se render ao rebanho, à sociedade, se realizar o que todo mundo faz e fizer da sociedade o seu deus, ficará desiludido. Alguém disse: "Se a igreja está casada com o espírito do dia, será uma viúva amanhã". Afinal, o espírito do dia é um fantasma inconstante, mutável e pouco confiável. A mulher líder de um proeminente grupo denominacional, em um grande Estado, veio da classe alta de certa cidade. Quando ela saiu, o grupo se desfez, três membros cometeram suicídio, três foram para um hospital psiquiátrico, todos os casais, menos dois, divorciaram-se e um casal está prestes a se separar. Eles, centrados no rebanho, destruíram-se na vida pessoal e coletiva.

Fixe sua lealdade e amor em qualquer coisa que não seja Deus, e isso o decepcionará. Mas quando você se entrega a Deus sem reserva, tudo dentro de você clama: "É isso".

Um médico conta que foi chamado para atender um paciente, chefe de uma grande corporação, que estava tendo ataques crescentes de asma. Durante o último ataque, parecia que o paciente não sobreviveria. Mas o médico não conseguiu encontrar nenhuma base física para a asma. Então ele lhe perguntou: "Algo lhe incomoda?" O paciente respondeu: "Não, doutor, sou membro da igreja. Sou um ministro da igreja. Nada está me incomodando". O médico foi embora intrigado.

No dia seguinte, o paciente mandou chamar o médico. Ele lhe disse: "Doutor, eu lhe disse ontem à noite que nada me incomodava, mas falei com Deus a noite toda. Olhei para o teto e vi em letras brilhantes as palavras: 'Busquem, pois, em primeiro lugar o Reino de Deus' (Mateus 6:33). Nas paredes estavam as mesmas palavras. Bem, doutor, não busquei primeiro o Reino dos céus. Só procurei o reino de John Brown. Cheguei ao topo dessa corporação, mas fiz isso de forma inescrupulosa, sem me importar com o que acontecia com os outros. Tenho sido um homem completamente egocêntrico. Mas algo aconteceu comigo: estou buscando primeiro o Reino de Deus". O médico disse: "Fui embora com lágrimas escorrendo pelo meu rosto. Presenciei o nascimento de uma alma".

Esse médico presenciou o nascimento de uma alma mediante a rendição. Rendição não significa apenas o novo nascimento de uma alma, mas o nascimento de tudo — uma nova relação com Deus, consigo mesmo, com a sociedade; uma nova visão de vida, uma nova forma de lidar com os problemas cotidianos, uma nova força para enfrentar o que vier, um novo sentido de unidade interior e de pertencimento e novos recursos para viver o novo.

CAPÍTULO NOVE

VITÓRIA POR MEIO DA RENDIÇÃO

TODOS SE RENDEM A ALGO, a alguém ou ao Ser superior. A alternativa não é se render ou não se render. Todos nos rendemos, desde o momento em que éramos apenas duas células, o espermatozoide e o óvulo se rendem um ao outro para formar uma nova vida até o momento em que essa vida se entrega à sepultura. Repito, todos nos rendemos. Algumas renúncias são construídas na necessidade de se render. Se quisermos sobreviver, temos de nos render. O bebê tem de se render à necessidade do seio materno, às necessidades de sono e evacuação, à cooperação do seu entorno. Essas renúncias são construídas e necessárias. Mas algumas renúncias são opcionais, mas com resultados ou consequências. Somos livres para escolher, mas não somos livres para escolher os resultados nem as consequências de nossas escolhas. Estes estão fora da nossa alçada. Alguns passam a vida escolhendo se entregar à pessoa certa e se submeter às coisas certas. Eles obtêm resultados. A realidade está por trás deles e têm apoio cósmico para seu estilo de vida. Contudo, alguns passam a vida se entregando à pessoa ou pessoas erradas e se submetendo à pessoa

Todos se rendem a algo, a alguém ou ao Ser Superior. A alternativa não é se render ou não se render.

ou coisas erradas — eles sofrem as consequências; estão contra a realidade, estão frustrados, em apuros consigo mesmos e com os outros.

Um médico e sua esposa enfrentaram a seguinte escolha: a que deveriam se entregar? Ela estava amargurada, ressentida e cheia de medos, pois seu marido teve um caso com outra mulher. Ele era desafiador, afirmando seu direito de ser livre para fazer o que quisesse. Ambos eram católicos-romanos, mas a necessidade da esposa levou-a a cruzar as fronteiras denominacionais em busca de ajuda. Em um de nossos *ashrams*, nós a direcionamos a Cristo e não ao protestantismo. Ela encontrou Cristo mediante a rendição. Toda amargura, ressentimento e medo desapareceram. Ela estava no topo de seu mundo impossível. Ela obteve a vitória — vitória por meio da rendição. E isso foi uma vitória apesar de tudo o que estava acontecendo em sua vida. Ela decidiu permanecer no redil católico-romano. Aceitamos a decisão com naturalidade, pois tínhamos comunhão em Cristo, não com apriscos religiosos.

Que tipo de vitória o marido estava tendo? Um amigo foi vê-lo e o encontrou rastejando com uma garrafa de uísque em uma das mãos e tranquilizantes na outra. Ali estava um homem de grande inteligência, um médico, abrindo mão de sua suposta liberdade e se descobrindo escravo de estimulantes e sedativos — estimulantes para animá-lo e sedativos para acalmá-lo. Ele estava livre para amarrar-se em nós cegos. Sua esposa era livre para ter paz, para se desenvolver, para conquistar a vitória apesar de tudo. Um se rendeu aos próprios impulsos e se viu vítima; a outra se rendeu a Cristo e se viu vitoriosa.

Um oficial do exército, participando do retiro de Ano-novo para oficiais do governo e outros homens e mulheres importantes em Washington, capital norte-americana, disse a sua mãe: "Mãe, cheguei à conclusão de que nós, oficiais do exército, estamos nos enganando quando pensamos que nos divertimos em nossas bebedeiras. Vocês

Um se rendeu aos próprios impulsos e se viu vítima; a outra se rendeu a Cristo e se viu vitoriosa.

VITÓRIA POR MEIO DA RENDIÇÃO

cristãos são as pessoas realmente felizes, o resto de nós está em uma felicidade de faz de conta, irreal. A sua é real". Ele comprou alguns de meus livros, os embrulhou e os levou consigo. Ele estava dirigindo seu carro, quando outro automóvel emparelhou ao dele, e o motorista gritou que um pacote de livros havia caído do carro. Esse motorista avisou-o que colocara o pacote no meio-fio uns dois quarteirões atrás. Ele sentiu uma estranha providência, como em o *"Cão do céu"* (poema de Francis Thompson), seguindo-o. E foi isso mesmo. Ele leu um dos livros, rendeu-se a Cristo, converteu-se genuinamente e agora participa daquela alegria que sentiu de longe, mas não experimentou até se render. Ele encontrou a vitória por meio da rendição.

Em certo escritório, uma mulher era a semente contagiosa da má vontade. Sua feiura de temperamento e espírito permeava o ambiente. Um dia, o chefe, que havia recentemente chegado a uma nova vida mediante a rendição, cumprimentou-a, não com o habitual "bom dia", mas com as palavras: "Já ouviu as boas-novas?" E quando a mulher perguntou: "Quais?". Ele respondeu: "Que Deus a ama". A mulher se sentou à mesa sem dizer uma palavra. Logo ela buscou uma forma de ficar sozinha e entregou sua amargura de atitude e de palavra e também seu "eu" amargo. Ela foi transformada. Agora ela é, como diz o chefe, "a faísca de ignição do amor e da boa vontade e, consequentemente, o clima de todo o escritório é diferente". Vitória mediante a rendição.

Um homem e sua esposa estavam em conflito. Cada um defendia com unhas e dentes seus próprios direitos. Ela sentia que tinha o direito de ficar na cama de manhã e deixar o marido preparar o próprio café da manhã. Ela defendia esse direito, ou melhor, ela se deitava sobre ele. Ela veio para um de nossos *ashrams* e se rendeu a Cristo e se converteu.

Quando ela perguntou: "O que devo fazer quando chegar em casa?" Foi-lhe dito que ela deveria ir e dizer ao marido que ela era a causa de todos os seus problemas. "Oh", ela respondeu: "Eu não poderia fazer isso! Esse é o ponto em questão. Eu digo que ele é a causa, e ele diz que sou eu". "Bem", dissemos, "ore sobre isso". Ela foi para casa e se levantou na manhã seguinte para preparar o desjejum do marido, intrigando-o. Mas ele não evitou sua indagação habitual: "Bem, senhorita alta e poderosa, o que você aprendeu no *ashram*?" Ela respondeu: "Aprendi que fui a causa de todos os nossos problemas". Ela se levantou da cadeira, virou-se ao lado dele e se ajoelhou, cruzou as mãos e disse: "Por favor, perdoe-me. Sou a causa de todos os nossos problemas". Contando sobre isso depois, ela disse: "Ele quase virou a mesa para se ajoelhar ao meu lado. Ele deixou escapar: 'Você não é a causa de todos os nossos problemas. Sou eu'". Lá eles encontraram um ao outro e a Deus. Eles se renderam a Deus, depois se renderam um ao outro e estavam livres. Agora aquele casal, ao invés de brigar, tornou-se de fato "uma só carne" (Marcos 10:8) . Eles agora são uma equipe que sai e testemunha aos outros sobre o que significa a rendição a Cristo, e estão ganhando muitas pessoas para o Caminho. Ambos encontraram a vitória mediante a rendição.

Quer seja uma rendição de uma vez por todas em uma crise em sua vida, quer seja a rendição diária dos problemas à medida que surgem, a saída é esta: **a vitória por meio da rendição**.

SOBRE O AUTOR

E. STANLEY JONES (1884-1973) foi descrito por um ilustre bispo como o "maior missionário desde o apóstolo Paulo". Esse missionário/evangelista passou setenta anos viajando pelo mundo no ministério de Jesus Cristo. Jones escreveu e falou para o público em geral e não há dúvida de que as suas palavras trouxeram esperança e revigoramento a multidões em todo o mundo. Como evangelista bem conhecido, envolvente e eficaz, proferiu milhares e milhares de sermões e palestras. Ele normalmente viajava cinquenta semanas por ano, muitas vezes pregando duas a seis vezes por dia.

Jones trabalhou para revolucionar toda a teoria e prática de missões às nações do terceiro mundo, desembaraçando o cristianismo do imperialismo político e cultural ocidental. Ele estabeleceu centenas de *ashrams* cristãos em todo o planeta, muitos dos quais ainda hoje estão em atividade. E. Stanley Jones foi um paladino pela unidade cristã, uma testemunha ininterrupta de Cristo e um porta-voz da paz, da fraternidade racial e da justiça social. Ele previu onde estariam os grandes problemas e falou deles muito antes de serem reconhecidos... muitas vezes com grande impopularidade e até mesmo antagonismo e escárnio daqueles que não aceitavam suas posições. Muitos consideram

Jones um profeta e as suas honras — e ele as recebeu — foram todas depositadas aos pés de Jesus Cristo. Ele admitia prontamente que sua vida bastante comum só se tornou extraordinária porque ele se rendeu totalmente a Jesus Cristo!

Seus escritos e pregações não exigiam que as pessoas deixassem seu intelecto de lado; a sua apresentação de Jesus tanto engajava o intelecto quanto tocava o desejo da humanidade de experimentar o Cristo vivo em sua vida. Quando escrevia ou falava sobre Jesus, era como se o conhecesse pessoalmente e pudesse alcançá-lo e tocá-lo. Jones se descreveu como um evangelista... o portador das boas-novas de Jesus Cristo. As inúmeras ilustrações encontradas em seus livros e sermões falam a um amplo espectro de culturas da humanidade e demonstram, de várias maneiras, o impacto transformador de Jesus Cristo na existência humana. Poucos leitores ou ouvintes deixariam de se identificar com uma história ou outra — praticamente todos encontram histórias que tocam sua vida. Foi oferecida a todos a esperança de que eles também pudessem experimentar a transformação disponível por meio da rendição a Deus e da conversão.

Jones, ao apresentar Jesus como o redentor de toda a vida, usou seu amplo estudo das religiões não-cristãs, da medicina, da psicologia, da filosofia, da ciência, da história e da literatura para defender que o toque de Cristo está sobre toda a criação — que a totalidade da vida foi criada por Cristo e para Cristo. Todos fomos criados para viver no Caminho de Cristo. O Sermão da Montanha expõe tanto os princípios como o Caminho.

Escreveu vinte e sete livros. Mais de 3,5 milhões de cópias foram vendidas e traduzidas para 30 idiomas. Todos os rendimentos de seus livros foram destinados a projetos cristãos. Ele doou todo o seu dinheiro! Agora, mais de 45 anos após a sua morte — os seus livros e sermões (muitos escritos nas décadas de 1930 e 40) não estão

SOBRE O AUTOR

desatualizados e, com poucas exceções, são inteiramente relevantes para o mundo de hoje.

De acordo com James K. Mathews, genro de Jones e bispo da Igreja Metodista Unida, "as características mais salientes e espiritualmente relevantes de Stanley Jones foram a transparência espiritual, a clareza e a persuasão do seu testemunho pessoal de Cristo. Durante trinta e cinco anos eu o conheci intimamente e tive a oportunidade de observá-lo de perto por períodos prolongados. Ele é de fato verdadeiro! Certa vez, quando perguntei a um hindu como ele estava, ele respondeu: 'Como você me vê.' E isso era verdade também para o irmão Stanley, como ele era chamado. Ele era o que você via".

Jones, mesmo depois de um grave derrame aos 88 anos ter roubado sua fala, conseguiu ditar seu último livro, *A resposta divina — o divino sim*. Ele morreu na Índia em 25 de janeiro de 1973.

As realizações monumentais de sua vida surgiram da qualidade de seu caráter cultivado por meio de sua intimidade com Jesus Cristo. Ao viver em Cristo, ele refletiu Cristo. Essa experiência está aberta para nós quando convidamos Cristo para viver em nós!

Sua opinião é importante para nós.

Por gentileza, envie-nos seus comentários pelo e-mail:

editorial@hagnos.com.br

Visite nosso site:

www.hagnos.com.br